책 쓰기가 직장인의 삶을 바꾼다

책 쓰기가 직장인의 삶을 바꾼다

초판 1쇄 발행 | 2025년 8월 28일

지은이 | 나애정
펴낸이 | 김지연
펴낸곳 | 생각의빛

출판등록 | 2018년 8월 6일 제 406-2018-000094호

ISBN | 979-11-6814-118-6 (03190)

원고 투고 | sangkac@nate.com
블로그 | blog.naver.com/sangkac

* 값 18,900원

책 쓰기가 직장인의 삶을 바꾼다

나애정

생각의빛

제1장 책 쓰기 전, 직장인의 삶

열심히 살았지만, 삶의 만족감은 낮았다 • 10

방향보다 속도가 중요했다 • 16

책은 수시로 읽었으나 삶의 변화는 더뎠다 • 23

항상 자기 계발에 목말랐다 • 29

인생 목표가 특별히 없었다 • 36

직장이 최대 꿈이자 목표였다 • 44

근시안적인 삶이었다 • 51

제2장 책 쓴 후, 직장인의 삶

직장과 꿈은 다를 수 있음을 인지한다 • 59

직장에 몸도 마음도 함몰되지 않는다 • 65

직장생활, 그 자체가 바로 글감이다 • 72

직장생활이 활기차다 • 79

연구하는 삶을 산다 • 85

진정한 나의 정체성을 찾는다 • 91

내가 할 일을 알아챈다 • 97

내면에 집중하는 힘이 생긴다 • 103

제3장 직장 다니면서 책 쓰는 비법

출근 전 1시간, 내 시간으로 활용해라 • 111

일주일에 2꼭지 쓰기 목표 세워 실천해라 • 118

낮에는 글감을 찾고 새벽에는 글을 써라 • 125

틈틈이 책을 읽어라 • 132

직장에서 절대 쓰려고 하지 마라 • 138

책 쓰기도 습관이다 • 144

책 쓰는 습관만 들이면 출간은 그리 어렵지 않다 • 150

제4장 직장인의 책 쓰기 7가지 핵심 비법

책 쓰기는 선택이 아니라 필수로 여겨라 • 157

서론-본론-결론 쓰기를 익혀라 • 164

시간이 부족하다면, 서론-본론까지만 써라 • 171

결론은 나중에 따로 써도 된다 • 178

서론과 본론은 자연스럽게 이어지도록 써라 • 184

한 문단 쓰기도 서론-본론-결론이다 • 190

문단의 첫 문장은 짧게 핵심 내용을 써라 • 196

1꼭지 쓰면 책 1권 쓴다는 사실을 잊지 마라 • 202

제5장 직장인도 이제 책 쓰기다

언젠가는 직장을 떠난다 • 210

직장에서 당신의 꿈을 가져라 • 216

책을 쓰면 꿈이 명확해진다 • 223

생각이 책이 되고 책이 내 현실이 된다 • 230

책 쓰기 아무나 못 한다고 포기하지 마라 • 237

책 쓰기 가치를 궁금해해라 • 243

직장인에게 가장 손쉬운 자기 계발법은 책 쓰기이다 • 250

책 쓰는 직장인, 삶이 바뀐다 • 257

제1장
책 쓰기 전, 직장인의 삶

열심히 살았지만, 삶의 만족감은 낮았다

살아가는 것이 매일 바쁘다. 직장인이라면 더 여유가 없다.

"수홍아, 정아야! 빨리 일어나. 15분 뒤에 집에서 나가야 해."
일하는 엄마인 나는 아침마다 전쟁이다. 초등학생인 아이들 둘을 깨우면서 밥을 차린다. 아침엔 국 한 그릇, 밥 한 그릇이면 된다. 국은 그 전날 미리 끓여 놓는다. 미역국, 된장국, 가끔은 김치 두붓국, 한 가지 국은 아이들이 지겨워하니, 할 수 있는 몇 가지를 정해서 돌아가며 끓인다. 국을 덥혀서 2그릇 떠 놓고 밥은 한 공기만 담아 먹을 만큼 국그릇에 덜어서 먹게 한다. 아침이라 한 공기도 둘이 다 먹지 못한다. 아이들이 부스스 일어나면 세수하고 옷부터 갈아입게 한다. 아이들이 밥숟가락을 뜨는 것을 보고 나는 출근 준비를 한다. 이 모든 과정이 30분 안에 이루어진다. 참, 짧은 시간에 많은 일을 동시에 해낸다. 이런 아침의 풍경이 아침으로 끝나지 않는다. 직장에서도, 퇴근하고 집에 와서도 시간대만 다를 뿐 아침의 모습이 그대로 반복된다.

코로나 상황이 한창일 때 나는 매일 학교 내 코로나 현황을 교육청에 보고했었다. 학교 내 건강을 지키는 보건교사의 역할을 맡은 나는 스스로 코로나와의 전쟁을 선포하고 열심히 소리 없는 전쟁을 치렀다. 그 당시, 4년 만에 복직이었고 학교는 많은 것이 변해있었다. 어리바리하다는 표현이 딱 맞을 정도로 나 자신이 그렇게 보였다. 모든 것이 놀랍도록 변화되었다. 학생들이 휴대폰을 가지고 있는 것이 가장 처음 눈에 보였다. 신기했다. 휴직 전에 학생들이 학교에서 휴대폰을 들고 다니는 때는 없었기 때문이다. 학교에 오자마자 담임선생님이 교실에서 휴대폰부터 수거했었다. 휴대폰 넣는 담임용 가방도 따로 있었다. 지금은 그 가방이 과거 유물이 되었겠다는 생각이 들었다. 노트북 가방처럼 생겼는데 들고 다니기에 안성맞춤이었던 가방, 선생님들이 항상 들고 다닌 모습이 아직도 눈에 선하다. 변화는 그것뿐 아니었다. 교내 메신저프로그램이 학교 단위가 아니라 도 단위급으로 업그레이드되었다. 경기도에 있는 모든 교직원 상호 간 의사소통이 가능해졌다. 업무를 수행하는 데도 정말 수월해졌다는 생각을 가장 먼저 했다. 문제는 나 자신이 그것을 사용할 줄 모른다는 것. 보건 교사의 업무 장소 특성상, 아주 소소한 것도 다른 교사에게 간단히 질문해서 해결할 수 없다는 것이다. 혼자서 고심해서 해결할 때가 많은데, 이 메신저 보내는 것도 결국 혼자서 알아가야 했다. 결국, 그 시간이 2박 3일이 걸렸다. 학교 내 메시지 하나 보내는 데도 시간이 그렇게 걸렸다. 열심히 하는 방법밖에 없다. 이런 적응 기간에도 교내 교직원 및 학생들은 자기진단 체크와 보고는 반드시 해야 할 중요한 일이었다.

자가 진단 독려 버튼을 눌러서 독촉해야 할 인원수를 60명 선까지 맞춘다. 자가 진단 시스템에서는 자가 진단 독려 버튼이 있다. 이 독려 버튼을 누르면 학생들에게 자가 진단 독촉 메시지가 휴대폰으로 전송된다. 현재 학생 인원이 700명 정도인데, 학생 같은 경우 보통은 80%~90% 선에서 자가 진단을 매일 아침에 하도록 권장한다. 20%~10%는 자가 진단 안 하더라도 어쩔 수 없이 패스한다. 대략 독려 버튼 할 때 인원을 60명 이상 넘지 않도록 한다. 그래서 보건실에 도착해서 제일 먼저 하는 것이 자가 진단 프로그램으로 들어가서 독려 버튼을 누르는 것이었다. 처음 들어가 보면 어떤 날은 학생들이 자가 진단을 많이 했고, 어떤 날은 아니다. 한꺼번에 5회 이상 버튼을 눌렀다. 그런 후 다시 확인하면, 그래서 많은 학생이 자가 진단을 하고 미시행 학생의 수는 줄어든다. 이것을 쉬는 시간마다 했었다. 바쁜 날은 깜빡 잊어버리기도 하지만, 자가 진단 독려 버튼 누르는 것은 중간마다 꼭 챙겨야 하는 일이 되었다. 하지만, 이렇게 열심히 독려했지만, 한가지 잊어버린 사실을 나중에 발견했다. 자가 진단 독려하는 것보다 더 중요한 것은 자가 진단 체크한 학생 중 유증상으로 표시한 학생들을 확인하는 것이었다. 유증상 학생들은 코로나 검사를 했는지, 아니면 격리 통보받은 가족이 있어 함께 격리 중인지 확인하는 것이 더 중요하다는 것이다. 정확한 데이터가 나오는 것은 아니라 하더라도 독려 버튼만 열심히 눌렀던 지난 시간이 우스웠다. 독려 버튼을 누르는 기본 취지를 잊고, 그 자체에만 열중한 느낌이었다. 우리가 삶을 살 때도 수단과 목적의 가치를 잘못 부여한 경우가 많지 않을까 생각해 봤다.

 우리가 열심히 사는 이유는 스스로 만족감을 얻기 위함이다. 수단과 목적이 바뀌어서는 안 되고 매 순간 잊어서도 안 되겠다. 이것을 잊는 순간, 습관적인 행동만 하는 인간이 되고 만다. 자신이 어떤 특수한 행동을 하면서, 또는 어떤 삶의 패턴을 고수하면서 그 가치와 목적을 모른다면 기계적인 인간일 뿐이다. 기계와 다를 것이 없다. 매 순간, 자기 삶에 대해서 돌이켜 생각할 수 있고, 그 생각으로 새로운 삶을 만들어가는 과정 중에 비록 열심히 살고 힘들더라도 소소한 의미와 만족감을 찾을 수 있을 것이다.

책을 씀으로써 사는 삶의 방식에 대해서 자주 생각한다. '메타인지'란 용어가 있다. 자신이 자신의 모든 것을 내려다보는 것이다. 세운 계획 위에서 계획을 들여다보는 것이다. 좀 더 큰 개념의 인지 방식이 메타인지이다. 책을 쓰면 이런 메타 인지적 차원의 사고를 하게 된다. 왜냐하면, 글을 쓰는 내내, 내 삶들을 되새기며 그곳에서 의미를 찾는다. 주로 사례를 찾는 곳은 나의 삶이다. 그렇기에 미래의 삶보다는 과거, 최근의 삶이다. 내가 살아온 삶들에서 새로운 의미를 부여하면서 옥석을 가려낸다. 그 옥석으로 부여한 의미를 글로 써낸다. 스쳐 지나간 새로운 메시지도 발견하게 된다. 최근의 일도 이런 과정을 통해서 새롭게 해석한다. 과거를 수시로 들여다보는 글쓰기로 미래는 변화된다. 미래의 삶을 구상하고 내가 원하는 방향으로 살기 위해 노력하게 된다. 현재의 매 순간이 내가 원하는 미래 삶을 위한 하나의 과정으로 만든다. 지금, 이 순간이 소소한 행복을 가져다주고 만족감을 느끼게 한다. 지금의 순간들이 모여서 결국 내가 원하는 삶들이 완성된다고 인지하며 살기 때문이다. 나는 책을 쓰면서 내 삶에 대해서 매일 생각하고 있다. 지나온 삶, 현재의 삶, 앞으로의 삶. 이 삶들이 바로 나의 책으로 변화되고, 내가 만족하는 진정성 있는 인생이 될 것이다.

그동안 우리는 열심히 살았다. 앞으로도 열심히 살 것이다. 아이들을 키우다 보면, 돌아서면 할 일이 있다는 것을 알게 된다. 엄마들은 잘 이해할 것이다. 아이들이 집안을 어지럽히는 그 속도를 따라갈 수가 없다. 나도 종종 이런 경험을 자주 한다. 부엌에서 설거지하고 안방 화장실에 들어갔는데, 아이들 샤워한 흔적들이 그대로 남아 있다. 젖은 수건은 풀풀 말려서 수건걸이에 뭉쳐져 있고, 속옷은 세면대 위에 그대로 방치되어 있다. 그러면 수건은 세탁기에, 속옷은 손빨래한다. 몸이 피곤할 때는 짜증이 난다. 생각할 틈도 없다. 생각하면 이 일들을 해내지 못하기 때문에 눈에 보이는 대로 처리한다. 나중에는 파김치가 되어 쓰러져 잔다. 인생도 그렇게 될까 허무하게 지나가 버릴까 두렵다. 소중한 인생, 열심히만 살다 가면 무슨 의미가 있겠는가? 열심히 살아도 좋지만, 소중한 내가 행복하고 만족스러워야 하지 않을까? 매 순간 의미를 부여하고 만족스러울 수 있는 방법을 찾아야 하는데, 그 방법이 책 쓰기일 수 있다고 생각한다. 책 쓰기를 하면서 나는 삶에 의미를 부여하는 버릇이 생겼다. 삶이 글이 되게 하기 위한 비법이 이것이기 때문이다. 열심히 살아야 하는 것은 우리의 숙명이라 받아들이고 책 쓰기로 그 의미와 가치를 찾아 삶의 만족감을 느끼시길 바란다. 출간이 책 쓰는 이유 전부가 아니다. 책 쓰기의 진정한 의미는 우리가 만족스러운 삶을 살 수 있도록 한다는 것이다. 이 부분을 기억하길 바란다.

방향보다 속도가 중요했다

마이크를 주문했다. 보건교사가 무슨 마이크냐고 할 수 있다. 일반 교사와 달리 수업을 거의 하지 않기 때문일 것이다. 사실, 수업할 시간이 없다. 특히 고등학교 같은 경우에는 대학입시 위주의 교과 중심으로 아이들이 배워야 하기에 더욱 할당된 시간이 없다. 그래도 간혹 마이크를 잡을 때가 있다. 아이들이나 교직원을 대상으로 하는 교육일 때이다. 교직원 대상 교육은 다른 교사들에 비해 능력이 특별나서 하는 것이 아니라, 법적으로 해야 할 의무교육을 위해 전공자인 보건교사가 마이크를 잡게 된다. 이 또한 직접 교육 대신, 유인물로 갈음할 수도 있지만 그래도 나는 주문을 했다.

마이크를 주문한 이유는 말하는 연습이 필요하다고 판단해서이다. 원활한 대화술은 직장생활에서 기본이며 필수적인 영역이다. 업무협조부터 해서 모든 부분에 대화기술은 유용하다. 직장생활을 잘하기 위해서도 상대방이 기분 상하지 않도록 나의 마음이 있는 그대로 잘 전달될 수 있도록 평상시 연습이 필요한 것이다. 그 방법으로 나는 영상 찍는 것을 생각해 냈다. 유용한 자료를 활용해서 영상을 찍고 유튜브에 올리는 것이다. 사실, 2년 전에도 잠깐 했었다. 이때의 경험을 되살려 이제 본격적으로 영상 찍어 유튜브에 올리기 시작해 보고자 마이크부터 주문했다. 직장생활을 하기도 바쁜데, 이런 생각을 한 나 자신이 대견스럽다. 직장생활로 여유가 없다고 직장생활만 한다면 변화가 없을 것이다. 바쁜 것은 바쁜 것으로 그대로 두고 내 삶에 유익하고 필요한 것들을 찾아 새로운 방향으로 새로운 시도를 다시 해보기로 했다.

대학을 졸업하고 4년 뒤 나는 공부를 하고 싶어졌다. 군 병원 간호장교로 근무서면서 어떤 방법이든 나를 성장시킬 공부를 하고 싶다는 생각이 생겼다. 그래서 이것, 저것 알아보니, 그 당시 근무하던 수도병원 근처 대학에서 간호학 관련 대학원이 개설된 것을 알게 되었다. 차가 좀 밀리는 위치이긴 했지만 퇴근하고 가기에는 그리 먼 거리가 아니었다. 나는 다른 생각 없이 바로 대학원 시험 준비를 했고 운 좋게 합격하여 대학원을 다니게 되었다. 직장생활을 하면서 야간대학원을 다니던 그 당시, 그래도 새로운 뭔가를 한다는 생각에 만족스러웠다. 리포트며, 중간중간 시험이 긴장되면서 왠지 뿌듯함을 주었다. 하지만, 석사학위를 받고 나서 나는 고민했다. 계속 공부를 할 것인가? 말 것인가? 대학원 과정 중에는 뿌듯함과 만족감이 있었지만, 내가 계속해야 할 공부라는 생각이 마음에 와닿지 않았다. 다른 사람보다 조금 더 공부해서 학력에 한 줄 더 쓸 수는 있지만, 그것 외에 개인적인 기대감이나 설렘, 계속하고 싶은 마음이 생기지 않은 것이 아쉬웠다.

대학원 공부가 남들보다 조금 더 앞서 나간다는 위안이 있지만 딱 거기까지였다. 내가 진정하고 싶은 주제가 아니었기 때문인 듯했다. 단지 공부가 하고 싶어서, 이왕이면 학력도 업그레이드되고 남들로부터 인정도 받는 것을 찾았을 뿐이었다. 어떤 공부를 할 것인가가 중요했지만 나는 주제보다는 외적 요인에 중심을 둔 것이다. 내가 원하는 공부, 내가 알고 싶은 주제였다면 제대로 된 방향이었을 것이다. 더 많은 양을 채우기 위한 욕심에 근거한 공부였기에 속도에 주안을 둔 것이었다. 물론, 많은 공부가 도움이 된다. 양질 전환의 법칙에 따라 양이 질로 변하기 때문이다. 하지만, 이것도 전제가 되는 것이 자기가 중심이 되어 진정하고 싶은 주제를 먼저 선택한 후, 속도를 내서 양을 채워나가야 할 것이라 본다.

한 가지 방향으로 집중해서 공부하고 연구해 나가니 부수적인 발달이 함께 왔다. 책 쓰기를 하기 전에는 될 수 있으면 많은 공부를 하고 싶었다. 하지만, 책 쓰기를 하면서 책 쓰기에 대해 집중하게 되었다. 복직을 하기 전 3년 동안 나는 운이 좋게 책 쓰기의 세계를 접하게 되었다. 그 누구도 추천해 주지 않았지만, 스스로 알게 된 독서의 세계를 통해서 책 쓰기의 세계로 옮겨갔다. 다른 사람이 쓴 책이 나에게 도움이 되었듯이, 나의 이야기로 다른 사람에게 도움을 되돌려 주고자 하는 마음이 있었기 때문에 독서에서 책 쓰기로 자연스러운 이동이 가능했다. 책을 1권, 2권 출간하면서 나의 뇌는 책 쓰기에 적합한 기능을 익혀나갔다. 읽는 방법이 쓰기를 전제로 하기에 서론-본론-결론으로 나누어서 읽기 시작했다. 의도하지 않아도 독서 외에 책 쓰기란 주제가 뇌에 공존했기에 2가지 기능을 염두에 둔 읽기가 되었다. 또한 사례를 찾으면서 과거를 회상하고 반성하는 능력이 생겼다. 1꼭지 쓸 때마다 순간마다, 나의 지나온 과거로 돌아간다. 과거의 경험을 하나하나 세세히 들여다보면서 새로운 사실과 새로운 깨달음을 발견한다. 책 쓰기 전, 나는 '과거는 후회하지 않아'라는 생각으로 과거의 일을 거의 생각하지 않았다. 떠오르지도 않았을 뿐 아니라, 과거를 되새기는 것은 구시대의 사람이란 편견이 있었다. 역사를 모르고는 현재의 발전이 없다는 지극히 상식적인 이야기는 책 쓰기 전 나의 삶에는 해당이 되지 않았었다.

책 쓰는 삶을 통해서 수박 겉핥기식 공부법에서 깊이 들어가는 공부법으로 바뀌었다. 양을 채우기 위한 속도법 공부 방식에서 반복해서 생각하는 공부 방식으로의 변화가 바로 책 쓰기였다. 1권 출간하고 끝나는 것이 책 쓰기 공부가 아니다. 나의 책 쓰기는 나의 평생 함께할 나만의 공부법이 되었다. 책 쓰기를 통해서 지금도 나는 성장하고 있다. 책 쓰는 과정 자체가 성장을 바탕으로 하고 있다. 직장인에게 가장 요구되는 능력이 이 책 쓰기를 통해서 매일 완성되어 간다. 직장인에게 가장 필요한 것이라면, 창의력, 표현력, 기획력이라 할 수 있겠다. 창의력이라면 글감을 찾는 과정에서 필요하다. 글감을 찾아내야 한다. 땅속에서 금광을 찾아내듯, 모래알에서 보석을 찾아내듯 자신의 지나온 삶과 현재의 삶에서 쓸 글감을 찾아내는 것이다. 찾아내는 것은 아이디어가 있어야 한다. 반복적으로 생각하는 삶, 어느 부분에서 내가 쓰려는 꼭지 제목의 글감이 있을지 생각해 내야 해서 창의력이 요구된다. 찾아낸 글감을 자신의 언어로 써내는 과정에서는 표현력이 생긴다. 어떤 식으로 쓸 때, 독자가 가장 잘 이해하고 공감할 수 있을지 연구한다. 기획력, 또한 발달하는데, 쓸 주제, 제목, 목차 만드는 과정에서 이 기획력은 필요하고 출간할 때마다 조금씩 성장하게 되는 것이다. 1꼭지 구조화하는데도 역시 기획력은 필요하여, 최소 3가지 기능, 창의력, 표현력, 기획력은 책을 쓰는 내내 자극받고 발전한다고 볼 수 있다.

이 시대의 공부는 책 쓰기 같은 테크네식 공부가 되어야 한다. 그리스어에서 유래된 테크네와 에피스테메. 테크네는 주로 몸으로 익히는 지식을 말하고 에피스테메는 그야말로 머리로 습득하는 에피스테메이다. 학교에서나 개인적 공부를 할 때 주로 에피스테메 식으로 머리에 많은 양을 채워 넣기 위해 속도를 냈었다. 이런 식의 공부는 많은 양의 지식을 배울 수는 있지만, 진정 내 삶을 변화시키지 못한 지식이 될 수 있다. 그래서 나이가 들수록, 삶에 중요한 주제일수록, 내 삶을 완벽히 변화시키고자 하는 목적일수록 테크네 방식의 공부를 하는 것이 바르다고 생각한다. 즉, 속도보다는 방향을 정해서 비록 느리더라도 꾸준히 실천하고 연구해 나간다면, 생각지도 못한 놀라운 성장과 변화들이 있게 된다는 것이다. 대표적인 것이 외국어 습득이라고 하는데, 외국어 습득은 물론, 나는 책 쓰기라고 말하고 싶다. 직장인이 책 쓰기를 꾸준히 해나간다면, 직장생활에 필요한 기능뿐 아니라 삶의 대전환이 일어나게 될 것이다.

책 쓰기 전의 내 삶은 속도가 중요했다. 더 많이 배우고, 더 많이 익히고 더 많이 읽으려고 했다. 속도를 내서 양을 채워야 만족하니 시간을 쪼개어 사용할 수밖에 없었다. 바쁜 직장생활 중에도 대학원을 다니면서 공부했지만, 그것은 내 삶을 근거로 한 간절히 고민 후 결정한 공부가 아니었기에 대학원은 현재의 내 삶에 특별한 의미로 다가 오지 못했다. 차라리 그 당시 책 쓰기를 알았다면 내 삶이 많이 변했을 것이다. 상상만 해도 가슴이 뜨거워진다. 책 쓰기로 나는 알게 되었다. 우리가 해야 할 공부가 이래야 한다는 것을. 나는 지금도 1꼭지 글을 어떻게 쓰면 쉽고 자연스럽게 쓸지 연구한다. 여러 권 책을 냈지만, 이런 고민과 생각들은 계속되고 있고 이런 삶의 방식이 나를 더욱 성장시킨다. 책 쓰기를 하면서 성장뿐 아니라, 내가 원하는 삶을 명확하게 인지하게 된다. 이제는 내가 원하는 한 가지를 정해서 꾸준하게 평생을 투자해서 공부할 준비가 되었다. 나 개인적으로는 그것이 책 쓰기가 되었지만, 책 쓰기를 통해서 이런 것들을 발견하게 될 것이다. 속도보다는 방향이 중요한 것을 스스로 깨닫게 하는 책 쓰기, 떨리는 마음으로 이제 시작해 보자.

책은 수시로 읽었으나 삶의 변화는 더뎠다

　우리가 책을 읽는 궁극적인 목적은 아마도 삶의 변화일 것이다. 특히 직장인이라면 더욱 그렇다고 생각한다. 바쁜 시간에도 불구하고 읽고 생각하고 적용하는 것은 삶에 도움이 되게 하기 위함이다. 하지만, 읽는다고 생각만큼 쉽게 변화되지 않는다. 변화가 더디니, 독서와 변화를 꼭 직접적으로 연결하지 않는다. 그냥 좋아서 읽고, 그 자체로 만족한다. 그렇기에 꾸준하게 읽을 수는 있지만, 삶의 변화는 더욱 더뎌진다. 그리고 독서경력이 쌓인 만큼 독서는 의례 변화가 더딘 법이라고 여기며 읽는 자체로 만족한다. 그렇게 된다면, 변화와 독서가 분리된 읽기만 하는 삶이 되는 것이다. 동전의 양면처럼, 독서와 삶의 변화가 하나로 인지될 정도로 느껴질 때, 비로소 독서의 가치를 제대로 느끼고 책 쓰는 것도 도전하게 된다. 책의 가치를 절실하게 느끼기 때문이다. 출간이 완성되기 전이라도 책을 쓰면서 읽는 것과 책만 읽는 것은 확연히 차이가 나게 된다. 새로운 패러다임으로 책을 읽을 때 삶의 변화도 동시에 일어난다.

대학 시절 독서란 것을 처음 시작했다. 한 선배의 조언이 있었다.
"대학 4년 동안, 이것 하나만은 '자신 있다' 할 정도로 한 가지를 내 것으로 만들어라."
'4년이란 시간이 적은 시간이 아닌데, 겨우 한 가지만 하라는 것인가?' 속으로 생각했다. 일반대학교는 아니었지만, 나름 하고 싶은 것이 많았다. 하지만, 선배의 그 말 한마디는 마음에 계속 남아 나에게 질문했다. '대학 시절, 이것 하나라면 나도 할 만큼 했다는 것이 무엇일까?', 반복적으로 생각한 결과 나는 책 읽기를 결정했다. 내가 다닌 대학교는 전교생이 기숙사 생활을 했고 외출이 자유롭지 못했다. 주중에 한 번, 주말 2번은 외출이 가능 외출 규칙이 있어서 외출하지 않고도 꾸준히 할 수 있는 것을 찾았다. 또한, 대학 이전에는 독서를 특별히 해보지 않아 관심이 있었다. 어릴 때는 독서란 가치를 전혀 알지 못해서 읽지 않았고 고등학생이 되었을 때는 공부가 우선이라 독서를 뒷전으로 했으니, 이제 자유롭게 한번 읽어보자는 마음으로 소설

책을 읽기 시작했다.

 소설책은 스토리가 중심이 되기 때문에, 책에 취미를 붙이기에 좋은 장르였다. 소설책을 읽다 보면 시간 가는 줄 모른다. 나는 수업 시간에도 읽던 것을 중단하지 못했다. 교과서 밑에 소설책. 지금 생각하니, 그렇게 해서 어떻게 전공 공부를 했는지 신기하다. 교수님께도 죄송한 일이다. 학생이 수업 시간에 딴짓만 했으니 말이다. 그 당시 읽은 소설책은 많았다.

 소설책에 빠진 4년간의 세월을 보냈지만, 변화는 더뎠다. 소설이라는 장르 자체가 그랬다. 어떤 변화를 목적으로 하는 자기계발서에 비해 소설은 이야기책이다. 내 경험으로 소설책으로 진한 감동과 충격이 있었지만, 획기적인 삶의 변화는 일어나지 않았다. 시간 여유가 있을 때 읽을 수 있는 책이 또한 소설책이었다. 시간 여유가 없다면 읽지 않아도 크게 삶에 영향이 없다고 느낀다. 나는 대학 졸업 후 바쁜 직장생활을 하면서 그나마 읽던 소설책마저도 손에서 놓았다. 여유가 없으니, 소설책을 읽지 않은 것이다. 그러다가 육아하면서 육아라는 당면과제를 해결하고 도움을 받고자 다시 책을 읽기 시작했다. 이번에는 소설이 아니라 자기계발서에 가까운 육아서이다. 육아서는 확실히 나에게 많은 도움이 되었다. 육아서를 어느 정도 읽고 난 뒤 나는 다른 주제의 자기계발서를 계속 읽었다. 다양한 주제로 읽으면서 많은 것을 배우고 느꼈지만, 책을 쓰면서 읽는 지금과 비교했을 때 그때와 지금은 확실히 차이가 있다. 그때는 읽기만 했기에 중요한 부분을 재발견한다거나 삶의 적용이 지금보다 적었다. 책을 쓰면서 읽으면, 읽기만 할 때보다 확실히 더 유익하고 내 삶에 도움이 된다.

책을 쓰면서 책을 읽으면 글의 서론-본론-결론 부분이 보인다. 자기계발서일 때 1꼭지, 1꼭지를 읽게 된다. 목차를 보고 마음에 끌리는 꼭지 글부터 읽어도 된다. 목차 자체도 서론-본론-결론의 흐름이 보인다. 3부분 중에서 가장 중요한 핵심은 아무래도 5개의 장을 기준으로 봤을 때, 3장과 4장이 작가의 핵심 메시지와 노하우가 들어있어서 핵심 부분이라고 할 수 있다. 1꼭지 글에서도 마찬가지이다. 1꼭지를 보통은 소제목이라고 말하는데, 이 소제목 글도 역시 서론-본론-결론의 구조로 쓰기 때문에 시간이 없다면 빠르게 내가 원하는 부분을 선택해서 읽을 수 있다. 본론에 다양한 경험과 핵심 메시지가 들어 있기에 시간이 없을 때, 본론을 읽는다면 빠르게 작가의 의도를 파악할 수 있다. 시간 여유가 있어 느긋하게 읽으면 가장 좋겠지만 바쁜 직장인들에게 핵심 위주의 독서, 즉, 내가 필요한 부분을 찾아서, 서론이든, 본론이든, 결론 부분이든 선택할 수 있고 선택대로 읽을 수 있다는 것이다. 책만 읽을 때는 잘 보이지 않던 소제목 글의 서론-본론-결론이 책을 쓰면서 읽을 때 잘 보인다.

빨리 읽어도 저자의 의도가 무엇인지 알아챈다. 사례와 메시지로

1꼭지 글을 쓰듯이 읽을 때도 사례와 메시지를 인지한다. 사례로 작가의 다양한 경험을 엿볼 수 있고, 그 사례를 이야기한 작가의 최종 의도를 사례 다음에 씌어 있는 메시지를 보면서 알 수 있다. 책을 씀으로써 이런 부분도 알게 된다. 1권이라도 쓴 사람은 글을 어떤 식으로 쓰고 그것이 책이 되는지 잘 알기 때문에 읽기가 더욱 쉬워지고 시간이 많고 적음에 따라 얼마든지 재량껏 중요한 부분을 찾아서 읽고 저자의 의도를 이해하게 된다. 써본 사람만이 이런 것을 알 수 있다. 쓰면 책 읽기가 쉽고 만만해져 결국, 더 많은 책을 읽는다.

많이 읽음으로써 넓게 깊게 읽게 된다. 많이 읽는 사람은 다양한 독서법으로 읽는다. 어떤 책은 속독으로 어떤 책은 몇 개월 동안 읽는다. 나의 경우, 2주마다 하는 독서 모임에서 정해진 책을 내가 정한 시간으로 얼마든지 읽어낸다. 1시간 밖에 시간이 없다면 1시간 만에 책 1권을 읽을 수 있다. 그렇게 빨리 읽기도 하고, 그에 반해, 아침마다 10분 동안만 깊이 있게 읽는다. 네빌 고다드의 《네빌 고다드 5일간의 강의》 의식 책은 여러 번 반복해서 1년 넘게 읽고 있다. 이 책을 읽는 목적은 나의 의식 수준을 높이고 삶의 변화시키기 위해서다. 꿈을 이루는 방법, 인생 목표를 달성하는 비법을 알려주는 네빌 고다드의 네빌링으로 직장 다니면서 책을 쓰는데도 정신적인 힘을 얻고 있다.

책을 쓰지 않고 지금껏 책만 읽었다면 삶의 변화는 더뎠을 것이다. 책을 쓰고 나니, 비로소 책 읽기 능력도 향상되었다. 책 읽는 능력이 좋아지니, 삶의 변화는 부차적으로 따라왔다. 책은 어떻게 읽느냐가 중요했다. 한 글자 한 글자 빠짐없이 읽던 과거 독서 습관을 버렸고 1꼭지 글을 쓰듯이 나의 상황과 의도대로, 내가 중심이 되어 책을 읽게 된 것이다. 쓰는 것만이 진정 독서 능력을 최대로 높일 수 있는 최고의 방법임을 강조하고 싶다. 그렇기에 독서만 하는 사람은 그 세계에서 벗어나 책 쓰기로 넘어가야 한다. 책 읽을 시간이 없고, 사는 것이 너무나 바쁜 직장인들도 여유로운 삶을 위해서라도 책 쓰기를 통해서 읽는 능력을 높여야겠다. 책에서 많은 아이디어를 얻는다. 책을 읽지 않는 사람보다 책을 읽는 사람이 성장할 수밖에 없는 이유가 바로 이것이다. 직장만 열심히 다니면 계속 직장만 열심히 다녀야 하는 삶을 살 수밖에 없다. 열심히 살아도 나의 인생 목표를 향한 '열심'이어야 하겠다. 긍정적인 변화를 가능하게 하는 것은 결국 먼저 쓰고 읽는 것이란 점 다시 강조한다.

항상 자기 계발에 목말랐다

직장인치고 새벽 영어 학원에 한 번 안 가본 사람이 없을 것이다. 직장인에게 영어 능력은 진급과 연봉에 직접적 영향을 미친다. 승진하고 직장생활을 오래, 잘하기 위해서 영어 실력을 향상하는 것에 투자한다. 나 또한 영어에 관심이 있었다. 서울에서 근무할 때 종로에 있는 유명 영어 학원을 찾아가기도 했다. 이름 있는 학원일수록 더 잘 배울 것이란 믿음이 있었던 것 같다. 사실, 영어 실력은 자전거 배우듯이 일상에서 매일 몸에 익히는 것이 중요한 것인데, 유명 학원에 다니면 영어를 잘 배울 수 있다고 생각한 것이다. 직장인의 자기 계발, 사실 그렇다. 한 가지를 정해서 평상시 꾸준히 할 수 있는 것이 최고이다. 머리로 이해하고 몸으로 익히는 것이 자기 계발의 비법인 것이다. 열심히 이 학원, 저 학원 뛰어다닌다고 내가 원하는 실력을 쌓는 것은 아닐 것이다. 책 쓰기를 해보니, 먼 거리 이동 없이 내가 있는 위치에서, 내 책상에서 쓰면서 직장인에게 필요한 기획력, 표현력, 창의력, 기타 다양한 능력을 키울 수 있음을 깨닫게 되었다.

코로나 시기, 직장에서 갑자기 긴급한 보고 건이 있었다. 고3 학생이나 교직원의 코로나19 예방 접종할 명단과 학부모 동의 여부에 관한 보고였다. 그 전날 경기도 담당 장학관이 관리자에게 메시지를 보냈다. 관리자는 나에게 다시 연락을 주었다. 긴급했고 아주 중요한 일이라 나는 혼자서 처리하기에는 역부족이란 판단을 했다. 그리고 어떤 식으로 이 보고를 주어진 짧은 시간 내에 할 것인지 구상하고 간단히 메모했다.

  1. 보고 양식에 맞춘 자료파일 준비하기
  2. 교직원 명단취합은 교무부에서, 학생명단취합은 고3 학생부장이 총괄하기
  3. 보건교사는 가정통신문 결재해서 발송하기
  4. 보건교사 고3 학생, 교직원 명단과 동의 여부 자료 취합해서 보고하기

크게 4단계로 진행하리라 정리하고 관리자에게 갔다. 메모를 보면

서 관리자에게 보고의 진행 과정을 설명했다. 관리자는 관련된 부장들을 바로 불렀고 긴급회의가 이루어졌다. 일단, 나는 상황에 관해 설명했다. 코로나19 예방을 위해 방역 당국에서 요구한 고3 학생과 교직원들에 대한 명단 보고이며, 시간이 촉박한 관계로 관련 부서의 협조가 필요한 상황이라는 상황 설명부터 시작해서, 어떻게 일을 진행할 것인지 방법에 관해서 이야기했다. 모든 교사가 적극적인 자세로 호응하는 가운데, 회의도 초특급 스피드로 끝났다. 그리고 바로 메모한 순서에 맞추어 일을 진행해서 무사히 시간 안에 보고할 수 있었다.

  보고가 끝난 후 나는 그 상황을 다시 생각하면서 안도의 한숨을 쉬었다. 전 세계 코로나 팬데믹 상황에서 코로나 예방접종이 매우 중요한 부분이었다. 방역 당국의 우선 접종 대상자 중에 다행히 고3 학생과 교직원들이 포함되어 실수 없이 제시간에 제대로 보고되어야만 했다. 다행히 잘 보고되었고 다시금 그 이유에 대해서 생각해 본다. 관리자의 빠른 판단으로 시기적절한 중재가 있었고 관련 담당자의 공감과 협조 또한 잘 되었다. 그리고 무엇보다 메모의 역할 또한 무시할 수 없었음을 느낀다. 구상하고 메모하고 난 뒤, 일에도 추진력이 생긴다. 눈으로 확인하는 아이디어는 확신을 가질 수 있다. 머리로만 생각하고 행동으로 옮기기보다는 머리로 구상한 내용을 눈으로도 확인하고 행동하는 것이 훨씬 효과적이다. 사소한 모든 일에 메모의 힘을 활용한다면 직장인으로서 성장은 물론 개인적인 삶도 달라질 것이다.

자기 계발을 위해 큰 노력을 했지만, 책 쓰기만큼 효과 있는 것이 없었다. 직장인들은 막연하게 뭔가를 더 배우고 익혀 실력을 쌓아야 한다고 생각한다. 그래서 시간이 날 때마다 자기 계발에 시간과 에너지를 투자한다. 영어 학원 다니는 것은 물론이거니와 다른 지식과 기능을 쌓기 위해 노력한다. 하지만 책 쓰기만큼 직장인들에게 요긴한 능력이 계발되는 것도 없다고 나는 확신한다. 휴직 4년 동안 나는 책 쓰기의 세계를 알게 되었고 책도 여러 권을 썼다. 책을 쓸 때만 해도 책 쓰기가 직장생활의 업무능력까지 높일 것이라고는 예상하지 못했다. 하지만, 책 쓰기는 생각 외로 삶의 긍정적인 효과가 나에게 일어났다. 직장에서의 업무처리 방식이 책을 쓴 후 달라졌다. 글을 쓰는 삶의 방식이 직장생활의 업무능력을 키우는데, 결정적인 역할을 했다고 생각한다. 책 쓰기를 한 이후, 나의 직장업무 스타일의 변화들은 다음과 같다.

첫째, 미리 기록한 후 행동한다.

기록의 효과를 책 쓰기를 통해서 깨닫게 되었다. 책을 쓰는 사람은 자신이 쓰는 그 책대로 살려고 노력하는 경향이 있다. 나도 마찬가지이다. 《새벽 시크릿》 책을 쓴 이후, 나는 새벽 기상은 꼭 실천하려고 노력했다. 그러다 보니, 새벽에 일어나는 일이 습관이 되어, 지금까지도 새벽 5시만 되면 일어난다. 《하루 한 권 독서법》 출간 후에도 이 독서 방법을 유지한다. 모든 책에 이 독서법을 적용하는 것은 아니지만, 보통은 이 방법인 핵심 위주 독서법으로 다양한 책을 제법 단시간에 읽는다. 메모도 글이기에 글의 힘이 있다. 아침마다 적는 오늘 할 일이란 메모는 하루 중 해야 할 일을 명확하게 하고 명확하니 실천력도 높아진다. 나 개인의 삶에서나 직장업무에서나 항상 기록하고 행동한다.

둘째, 기록하면서 우선순위를 정한다.

기록한 것은 대부분 실천한다. 이것이 기록의 마력이다. 기록할 때도 우선순위에 따라 가장 중요한 일부터 기록한다. 보통은 제일 처음부터 실천하게 되므로 직장에서 그날, 가장 중요한 일은 하게 되는 것이다. 단 5분 기록으로 업무 추진 능력이 좋아진다.

셋째, 중요한 업무를 놓치지 않는다.

기록하면시 그날의 중요한 입무를 생각한다. 전반적인 것들을 반복해서 마음에 되새기게 된다. 생각 없이 행동부터 하다 보면, 정말 해야 할 일을 놓칠 경우가 많다. 하지만 해야 할 중요한 항목을 기록해 놓고 지워가면서 그것을 한다면 놓칠 이유가 없다. 기록한 것들은 대부분 하게 되고, 만약, 그날 못한다면, 다음날 다시 우선순위 안에 넣고 기록하여 가장 먼저 시행하면 된다. 메모해 두면, 하나하나 지우는 재미도 있고, 중요한 일도 놓치지 않아 직장생활이 즐겁고 결과도 좋아진다.

넷째, 직장 내 메시지도 1꼭지 글 쓰듯 쓴다.

복직 후 직장에서 가장 크게 느끼는 것이 글로 소통할 일이 많아졌다는 것이다. 코로나 상황일 때는 더욱 그랬다. 과거에는 얼굴 보고 말하던 일들도 지금은 메시지를 주고받으면서 일해야 한다. 이제는 글쓰기가 직장인에게 필수 능력이 되었다. 책 쓰기를 하면 1꼭지 글 쓰는 방법을 배우고 익혀 직장업무 능률도 올라간다. 과거, 가정통신문 하나 만드는데, 시간이 오래 걸린다. 시간이 소요되는 이유는 글을 써야 하는 영역이기 때문일 것이다. 쓰고 나서 고치고 다시 고치고, 결재를 올리더라도 수정해야 할 부분이 발견되어 회수되기도 한다. 학교 밖으로 나가는 글이기에 관리자는 더욱 신경 써서 확인하게 되고 실무자는 수정을 위해 회수한다. 책 쓰기를 한다면 이런 일에도 자신감 있고 실수 없이 해낼 수 있다. 직장 동료 간에 주고받는 글에서도 기분 상하고 상처받는 사람 없이 원활하게 소통할 수 있다. 아무래도 글쓰기에 친숙해졌기 때문이다. 이런 능력이야말로 직장인에게 가장 기본이자 필요한 것이라 여겨지는데, 책 쓰기를 하면서 나는 복직 기간에도 자연스럽게 이런 능력을 갖추게 된 것이다.

직장인이라면 자기 계발에 관심 없는 사람이 없다. 누구나 자기 계발을 위해 노력한다. 하지만, 노력한 만큼 직장생활에 도움이 되는지는 미지수이다. 아마도 노력하는 자체로 만족할 때도 있을 것 같다. 없는 시간도 쪼개고 바닥인 에너지도 끌어올려 힘들게 노력하는 귀한 그 노력이 사장되지 않고 제대로 빛을 발휘해야겠다. 글쓰기 아닌 본격적으로 책 쓰기를 하면 확실히 글쓰기 실력이 좋아진다. 책 쓰기를 통해서 직장인은 글과 친숙하게 되고, 친숙한 만큼 필요할 때 자유자재로 글을 소통할 수 있다. 책 쓰면 글쓰기가 자연스럽게 단련되어, 자신이 인지하지 못한 사이에 표현력뿐 아니라, 창의력, 기획력의 능력도 갖추게 된다. 자라나는 아이에게만 글쓰기, 책 쓰기가 필요한 것이 아니었다. 직장인에게 그 무엇보다 필요한 것이 책을 써보는 것이었다. 수많은 자기 계발의 영역이 있지만, 책 쓰기 하나로 직장인의 핵심적인 다양한 능력을 익힐 수 있다는 점 기억하고 책 쓰기에 결단을 내리시길 권한다.

인생 목표가 특별히 없었다

'컵라면, 오랜만에 먹으니 맛나다.'

아침부터 나는 컵라면을 먹었다. 일요일 아침. 아이들은 아침 기상 전이고 남편은 골프연습장에 갔다. 나는 식탁 앞 노트북에 앉아 있다. 주말 아침마다 우리 집의 일상적 모습이다. 오늘은 아주 특별하게 컵라면을 먹어보았다. 1꼭지 쓰기를 앞두고 있다. "인생 목표가 특별히 없었다"란 꼭지 제목을 어떻게 쓸까, 구상하다가 머리가 복잡해지면서 어제 피엑스에서 구매한 컵라면 한 박스를 오픈했다. 사실 나는 평상시 라면을 잘 먹지 않는다. 아이들 때문에 먹지 않는 경향이 있다. 라면이 아이들 건강에 그리 좋지 않을 것이란 생각에 내가 먼저 먹는 모습을 보이면 따라서 먹을까 봐 엄마의 마음으로 먹지 않는다. 라면을 안 먹은 지 3개월은 넘은 것 같다. 컵라면은 더더욱 안 먹는다. 컵라면의 컵에서 나오는 해로운 성분이 봉지라면보다 더 나쁘다고 생각하기 때문이다. 그런 내가 오늘 아침에는 컵라면을 먹은 것이다. 아이들 자고 있으니, 살짝 휘리릭 빨리 먹자는 유혹에 빠졌다. 1꼭지 쓰기란 현재의 목표를 앞두고 안 하던 행동을 했다. 아마도 잠시나마 머리를 식히려는 욕구이겠지만 어찌하였든 목표를 뒤로한 채 내가 하고 싶은 대로 했다. 목표가 분명히 있는데도 불구하고 잠시의 일탈이라고 할까? 목표가 없다면 더욱 부화뇌동하게 행동할 것이다.

책을 출간하고 나는 나름 인생 목표가 생겼다. 인생 목표 설정. 책 쓰는 사람들에게는 자연스러운 과정이라 생각한다. 왜냐하면 쓰는 동안, 자신을 더 잘 알게 되고 자신이 원하는 것도 더 잘 알게 되기 때문이다. 책 쓰는 과정에서 이런 현상들이 일어나는 이유는 과거를 반복해서 되짚어 보는 과정이 1꼭지 글 쓰는 과정 중에 일어나기 때문이다. 자기 안에 있는 사례를 찾기 위해 과거를 회상한다. 의식 속에서 아주 어릴 때부터 현재 시점까지 스크린하듯이 훑어서 생각해 내려온다. 어느 날은 문득 가장 임팩트있던 경험을 되새기기도 한다. 꼭지 제목이 무엇이냐에 따라 불현듯, 떠오르는 과거 일들도 있다. 아니면 최근의 소소한 경험들도 떠올라 다시 생각한다. 나는 가끔, 재수할 때가 생각난다. 서울 학원가에 있었던 단과학원에 다니다가 수능 막판에, 독서실에 등록했다. 독서실에서 공부하다가 밤에 독서실에서 잠을 잤다. 집중이 잘되는 시간을 찾아서 나는 초저녁에 잤다가 새벽에 일어나 공부했다. 새벽 4시쯤 되면 멀리서 교회 새벽기도 종소리가 들렸다. 그 종소리를 듣고 나는 다시 취침했다. 하지만, 그 생활은 그리 좋은 공부 방법이 아니었다. 그 당시에도 느꼈지만, 지금 다시 생각하니, 확실히 낮, 밤이 바뀐 생활은 도움이 안 된다. 건강을 잃고, 목표한 대학 입학도 장담할 수 없을 것이다. 다행히 나는 그 생활을 오랫동안 하지 않았다. 지나온 나의 시행착오들이 글 쓰는 동안 되풀이되어 실수를 예방한다. 글을 쓰면서, 어릴 때 가진 꿈도 사례를 찾는 과정 중에 다시금 생각해 낸다. 과거를 생각하지 않고 글을 쓰지 못하기에 1꼭지 글쓰기, 책 쓰기는 수없이 자신의 과거와 현재, 미래를 생각하는 연속이어서 소중한 나의 인생 목표도 자연스럽게 정하게 된다.

    책 쓰기 전 인생 목표가 특별히 없었을 당시, 월급받는 만큼만 일해도 된다고 생각한 적이 있었다. 다른 직장 동료도 이렇게 이야기했기에 이것이 당연하다고 여겼다. 하지만, 이런 사고는 스스로 역량 발휘와 발전 기회에 한계를 그어 놓는 행동이었다. 직장에서 월급만 받는 것이 아니다. 무한한 배움과 인생 변화의 기회를 얻는다. 직장이 우리에게 주는 보이지 않는 수많은 삶의 효과들이 있다. 현재 학교에서 눈에 띄는 한 사람이 있다. 나는 그 사람이 하는 일이라면 무엇이든 도와주고 싶은 마음을 가지고 있다. 그는 내가 복직하고 모든 것이 낯설고 어려웠을 때, 말없이 필요한 것들을 알려주고 도와준 사람이다. 가만히 보니, 나한테만 그런 도움을 주는 것이 아니었다. 다른 사람에게도 자신의 수업 외 시간을 투자해서 도움을 준다. 그는 그런 시간을 오히려 값진 시간으로 생각하는 듯 표정에서 여유와 기쁨이 보인다. 그 사람에게 학교라는 직장에서의 모든 시간은 배움이고 특별한 깨달음을 얻는 시간이 되는 것이 틀림없는 것이다. 온 우주를 끌어들이는 힘이 그 사람에게 있다. 받는 월급만큼만 일한다는 생각이 있다면 절대 그렇게 행동할 수 없을 것이고, 기막힌 지혜와 깨달음도 얻지 못할 것이다. 그 사람에게는 특별한 인생 목표가 있을 것이라고 나는 추측해 본다.

인생 목표가 없으면 현재를 소비하게 된다. 책 쓰기를 한 살이라도 젊었을 때 하라고 나는 강조하고 싶다. 그 이유는 책을 쓰면 하루하루가 소중하다고 느낀다. 비록 소소한 경험이라도 어느 꼭지 제목에는 기가 막히게 들어맞는 사례가 될 수 있다. 나 또한 과거를 회상하면서 과거의 순간순간이 소중하다는 것을 다시금 생각한다. 그 당시에는 정말 힘든 일이라도 지나고 나면 그런 시련의 시간이 임팩트 있는 글감이 된다는 사실에 감탄한다. 인생 첫 책을 쓸 때, 사연이 많은 사람은 사례가 많아 책 쓰기도 쉽다는 말을 누군가가 했다. 사연이 많으면 많은 대로 좋고, 특별한 일이 없더라도 어떻게 의미를 부여하느냐에 따라 또한 귀한 시간이기 때문에 소소한 시간에 의미를 찾을 수 있다. 나는 이런 생각도 한다. 요즘 자살률이 높아서 사회적 문제가 되고 있다. 유명한 연예인들도 고통의 시간을 넘기지 못하고 극단적 선택을 한다. 만약, 그들이 글을 쓰고 책을 썼더라면 하는 아쉬움이 있다. 글을 쓰면서 스스로 의미를 부여해서 긍정적으로 시련의 시간을 잘 넘기는 능력을 갖출 수 있었을 텐데……, 하는 마음이다. 나 또한 진작, 젊었을 때 책 쓰기를 알았다면 더 많은 만족스러운 인생 결과물과 깨달음을 얻지 않았을까 생각해 본다. 직장의 매너리즘에 빠지지도 않았을 것이고, 퇴근 후 먹고 마시는 소비적인 삶을 살지도 않았을 것이란 생각이다.

　인생 목표를 정하니, 지금의 시간은 그 목표를 달성하기 위한 하나의 과정이라 여긴다. 즐거움도 고통도 목표를 향해 가는 여정일 뿐이다. 그 어떤 것도 계속되지 않고 과거로 넘어간다는 사실을 자연스럽게 인지한다. 고통의 순간도 인내하는 힘이 생긴다. 즐거움, 행복의 순간에도 교만하지 않고 도를 넘지 않은 겸손함을 유지할 수 있다. 그렇게 인생 목표에 시선을 집중하고 살아가게 되므로 삶도 단순하면서 단순함이 주는 집중력과 즐거움이 있다.

　책을 쓰면서 갖게 된 내 인생 목표는 앞으로도 쭉, 책이 관련된 일을 하는 것이다. 책 쓰기만큼 한 개인을 성장시키고 삶을 풍성하게 만드는 것을 알지 못하기에 이 좋은 것을 널리 알리는 일을 하는 것이 나의 인생 목표가 되었다. 그것이 독서이든 글쓰기이든 책 쓰기이든, 이 모든 것을 아우르는 그 어떤 일이든 나의 목표는 이제, 명확해졌다. 그 명확한 목표를 현실로 만들기 위해 나는 실천 목표를 또한, 가지게 되었다. 직장을 다니고 있기에 느릴지라도 꾸준히 가자는 태도로 임하기로 했다. 주중 한 꼭지 쓰고 주말 최소 한 꼭지 이상 쓰기로 했으며, 퇴고는 5꼭지 하기, 매일 단 5분이라도 읽기, 의식 책은 아침마다 되도록 읽기이다. 이렇게 실천 계획을 쓴지 보니, 종류가 항목이 많은 것 같은데 짧은 시간 하면 된다. 매일 꾸준히 하는 것이 가장 중요하다. 매일 하면 잘하게 되고, 잘하게 되면 쉬워지고, 쉬워지면 목표는 현실이 된다.

한 가지 더 꼭 이루고 싶은 목표라면, 소중한 나의 아이들이 책 쓰기를 하는 것이다. 어릴 때부터 가랑비에 옷 젖듯이 조금씩 몸에 배게 하고 있다. 그런 측면에서 매일 3문장을 가족 단톡방에 올리도록 한다. 이 3문장은 서론-본론-결론에 맞추어서 쓴다. 서론에는 아이가 하고 싶은 말, 본론은 그 이유와 사례, 근거들, 결론은 하고 싶은 말을 다시 강조하면서 글로 써보라고 한다. 아이들은 처음에 힘들어했지만, 서론의 첫 문장을 쓰면, 그다음은 줄줄 이어서 써서 올린다. 말이 되든 안 되든, 그 형식에 맞추어 자신이 하고 싶은 말을 쓴다. 아이들도 하기에 어른들은 더 빨리 3문장 쓰기를 실천할 수가 있다. 3문장을 3문단으로 늘여 쓰게 되면, 1꼭지도 서론-본론-결론에 맞추어 쓸 수 있을 것이다. 이렇게 아이들은 책 쓰기를 도전해서 어린 나이에 다른 아이들이 읽을 수 있는 책을 출간하도록 하는 것이 또 하나의 인생 목표가 되었다. 책 쓰기의 효능을 나의 아이들에게도 적용하고 싶은 엄마로서 욕심이다.

나의 삶을 책 쓰기 전과 책 쓴 후로 나눈다. 그만큼 큰 변화가 책 쓰기를 통해서 일어났기 때문이다. 책을 썼을 뿐인데, 그 변화는 놀라웠다. 어떤 책 쓰기 코칭 자는 책 쓰면 돈이 생긴다고 홍보하고 있지만, 돈보다 더 큰 것을 얻는다. 삶이 급진적으로 바뀌었다고 나는 강조한다. 복직 전에 개인적인 삶에서의 변화만 인지했다. 새벽에 일어나서 읽고 쓰면서 배우고 깨닫는 시간이 매일 일어났고 새로운 아이디어로 새로운 도전을 시작했다. 도전들은 다시금 성장의 기회가 되었고 의식 수준을 높이는 선순환이 일어났다. 무엇보다 중요한 것은 인생 목표가 명확해졌다는 것이다. 명확한 목표가 생기니, 명확하게 말하고 행동한다. 복직 후, 직장에서도 그 영향은 계속되었다. 그 전보다는 확실히 명확한 업무처리가 가능해졌고, 그래서 남들과 다른 면모를 보이게 되어 주변 사람들로부터 인정받고 있다. 인생 목표가 있고 없고의 차이는 누구나 알아차릴 수 있는 큰 변화를 만들어낸다. 책을 쓰는 동안, 과거를 되풀이 돌아보고 반성하면서 현재와 미래를 어떻게 살아야 할 것인지 인지하고 그것이 인생 목표로 자리 잡는다. 내가 원하는 삶을 제대로 파악하고 원하는 삶을 살기 위해서 책 쓰기, 삶에서 꼭 염두에 두어야 함을 강조하고 싶다.

직장이 최대 꿈이자 목표였다

　　취직이 최대의 꿈이고 목표일 때가 있다. 직장을 구하기 직전이라면 더욱 그렇다. 직장을 구하는 시간이 길고 구직에 대한 열망이 강했을수록 직장이 내 인생의 목표인 것처럼 생각한다. 소망하는 직장일수록 꿈과 목표라는 생각이 간절해진다. 나는 운이 좋게도 졸업과 동시에 자동 취직이 되는 대학에 다녔다. '국군간호사관학교'를 졸업했다. 졸업과 동시에 군 병원 간호장교로 인사 발령이 났고 나는 6년이란 의무복무기간을 시작했다. 직장인이 되어서 이제는 내가 할 일을 다 했다는 느낌이 들었다. 졸업할 때는 그 당시 생각으로 험난한 시간도 인내하고 참아냈으니, 이제 그냥 누리기만 하면 되는 줄 알았다. 더 이상 꿈도 목표도 달리 가질 이유가 없었다. 하지만 아니었다. 세상에 영원한 것이란 없는 것이다. 군 병원 근무도 영원할 수 없다.

대학교 4학년 1학기 때 동기 한 명이 자퇴서를 냈다. 자세한 이유는 잘 모르겠으나, 옆에서 보던 나는 몹시 안타까웠다. 이제, 졸업이 코앞이고, 졸업만 하면 인생 탄탄대로가 열린다고 예상했는데, '다 끝나가는 시점에 굳이 자퇴해야 하나?'라고 생각했다. 한편으로 '오죽하면 한 학기 남겨두고 자퇴했을까?'라는 생각도 들었지만, 30년이 지난 지금까지도 그 동기를 생각하면 아쉬워진다. 물론 그 친구는 잘 살고 있을 것이다. 거의 4년간을 간호 공부와 기숙사 생활, 군사 훈련 기간을 겪으면서 알게 모르게 단련되고 성장했을 것이기 때문이다. 자퇴 후에도 어느 곳에서나 잘 살아갈 것이라고 여긴다. 그런데도 지금까지 그 동기가 나의 기억에 강하게 남아 있는 이유 한 가지는 졸업 후 누릴 행복한 직장 생활의 시간도 뒤로 하고 그래도 자신이 원하는 것을 추구했다는 사실이다. 그동안 열심히 한 것은 너무 아깝다. 그 시간도 이쉽기는 히다. 그동안 얼마나 열심히 했는지 동기들은 잘 안다. 그 당시, 졸업 후 소위 임관해서 계급장이 달린 하얀 가운을 입고 군 병원에서 근무하는 것이 최대 꿈이자 목표였기에 그 동기가 더욱 기억에서 사라지지 않고 남아 있다.

나는 소위로 임관했다. 졸업식이 곧 임관식이었다. 연병장에서 부모, 친지들이 어깨에 다이아몬드 계급장을 달아주는 모습이 지금도 눈에 선하다. 이제부터 학교 과정은 끝. 앞으로의 일이 걱정이 안 되는 것은 아니지만 그래도 졸업인데 하는 마음으로, 그 당시, 하늘을 날아오를 것 같은 기분이었다. 부모님과 가족, 친구들도 크게 기뻐하고 축하해주었다. 어렵게 입학했고, 남모르는 인내의 쓴잔을 마시면서 열공한 시간이 주마등처럼 스쳐 지나갔다. 졸업의 순간을 얼마나 기다리고 기다렸던가? 세상을 다 얻었다는 기분이 이런 거구나 라며 행복감을 느꼈었다.

대학 졸업 후 임관하고 가장 먼저 간 병원은 국군수도병원이었다. 수도병원은 군 병원 중에서 그래도 중환자들이 가장 많은 곳이었기에 많은 근무 인력을 요하는 곳이다. 그런 병원에 배치된 자체도 자랑스러웠다. 힘든 대학도 졸업했는데, 병원 근무는 어떤 상황일지라도 거뜬히 넘길 자신감이 있었다.

졸업 후 출근할 때, 나는 이제 많은 것을 이루었다고 생각했다. 소위로 임관하기까지 나름으로 어려운 일들을 잘 극복했다고 스스로 인정하며 대견스럽게 여겼다. 사실, 대학 생활이 아무리 힘들었다고 해도 학교 안이다. 학생이었기 때문에 보호받는 면이 없지 않다. 사회에 나오면 그렇지 않다. 모든 것을 스스로 판단해서 책임을 져야 할 일들이 많다. 많은 것을 이루었다고 착각한 그 시절, 나는 또 이렇게 생각했다.

'나는 이제 특별히 노력하지 않아도 된다.'
'나는 이제 즐기면서 살아도 된다.'

    이런 안일한 생각들이 삶에 마이너스였다는 사실을 책 쓰기를 하고 난 뒤 알게 되었다. 특별히 더 노력하지 않아도 된다고 생각했기에, 귀한 시간을 그냥 소비하고 흘려보냈다. 근무 설 때는 정신없이 바빴지만, 퇴근해서는 특별히 하는 일 없이 보냈다. 누군가로부터 저녁 먹자고 연락이 온다면 그 대상이 누구든 연락해 준 것에 감사하면서 좋다고 저녁을 먹으러 나갔다. 즐기는 삶이 구체적으로 어떤 삶인지 모르고, 외적인 것에 비중을 두고 살았다. 잘 먹고, 잘 어울리고, 잘 놀고 하는 것이 즐기는 삶으로 받아들였다. 진정 즐김을 가지는 삶은 외적인 부분보다 내적인 부분일 텐데. 직장인이 되기 전까지의 인내한 시간에 대한 보상 심리로 직장 후의 시간을 자칫 허비할 수 있다. 어쩌면 이것의 본질적 이유는 직장 후의 꿈과 목표가 없었기 때문일 것이다. 직장을 얻기 전에는 직장이 꿈이자 목표였고 직장을 구한 이후에는 꿈과 목표가 다 성취되었기에 더 이상 필요치 않았다. 어쩌면 직장인이 된 이후부터가 진정한 꿈과 목표가 시작되는 것일 수 있는데, 그때는 이 사실을 잘 몰랐다.

    직장인이 책을 쓰면서 자신의 진정한 꿈과 목표를 찾게 된다. 책을 쓰는 동안에는 자기 내면을 반복해서 들여다보게 되므로 자신을 더욱 잘 알게 된다. 글감을 찾으려는 노력의 하나로 그런 과정을 가진 다. 자신의 외부에서 찾는 글감도 좋지만, 잊고 살았던, 자신 내면의 경험을 되새기며 내부에서 글감을 찾게 된다. 글쓰기, 책 쓰기가 어려운 이유는 자신 내부에서 글감 찾기가 어렵기 때문이다. 우리는 많은 것들을 배우고 익혀 잘 알고 있다. 하지만, 자신의 내부에 대해서는 느낄 기회도 생각할 시간도 많지 않았다. 의외로 그렇다. 곰곰이 생각해 보자. 하루 얼마나 자기 자신에 대해서 생각하는지. 자신이 무엇을 하고 싶고, 무엇이 되고 싶고, 무엇을 간절히 원하는지를 생각해 본 적이 언제인가? 평생 이런 생각을 하지 않고, 할 일에 충실하며 사는 직장인들이 대부분일지 모른다. 자신은 없고, 직장인으로서, 엄마로서, 아빠로서 해야 할 역할만 묵묵히 하는 삶이 행복한 삶이 될 수 있을까? 아니다. 없을 것이다. 이제는 자신부터 챙겨야 한다. 내면에서 흘러나오는 작은 목소리에 귀를 기울이고 그 소리에 반응하는 삶을 살아야 한다. 이것이 바로 1꼭지 글쓰기인 책 쓰기 과정이다.

책 쓰기를 통해서 나 자신의 목소리를 듣는 삶을 살고 있다. 책 쓰기를 통해서 나는 새로운 삶을 살고 있다. 외부의 목소리도 듣지만, 내면의 목소리에 더 비중을 두는 삶을 살기 위해 노력하고 있다. 직장에서 어떤 문제가 발생했을 때도 외부의 상황을 가만히 들여다보고 내면에서 흘러나오는 해결법을 인지하고 따른다. 보건의 업무라는 것이 시기적절하면서 냉철하게 판단해야 할 때가 많다. 아이가 배가 아프다고 왔다. 그럴 때 가장 먼저 하는 일이 그 아이의 안색을 살피는 것이다. 보통, 진짜 아플 경우 혈색부터 변한다. 얼굴색이 하얗게 변한 복통을 호소하는 아이에게 다음으로 급히 해야 할 것은 언제부터 통증이 시작되었으며 어느 부위가 가장 아픈지 질문한다. 그리고 판단한다. '아. 이 학생은 응급상황, '충수염' 일 수 있다. 바로 병원으로 보내야 한다.', '충수염'은 보통 일반인이 말하는 '맹장염'이다. 보내는 과정에서도 판단력이 필요하다. 담임과 보호자와 연락이 안 되는 경우가 있다. 관리자에게 상황을 설명하고 어떻게 해야 할지 긴급 회의로 상의한다. 보건교사는 또 다른 응급을 대비해서 학교에 상주해야 하는 원칙이 있지만, 후송이 여의찮은 문제가 있다면, 관리자에게 학생을 어떻게 할 것인지 제안해서 보건교사가 직접 후송하기도 한다. 급하게 내 차에 태워 병원에 데려갔고 병원에서 보호자에게 인계 후 돌아온 그다음 날 '충수염' 수술받은 학생도 있었다. 모든 것이 내면의 목소리를 들으면서 직장에서, 응급상황 대처도 더 빠르게 이루어진다.

직장은 직장일 뿐이다. 직장이 영원한 꿈과 목표는 아니다. 자신이 하고 싶은 일을 직장에서 하는 사람도 있겠지만 대부분 사람은 그렇지 않을 것이다. 뒤늦게 직장의 일을 자신의 천직으로 느끼고 그 일에 열중하는 사람도 있다. 하지만 그런 사람은 드물다. 이런 직장에서 모든 시간과 노력, 에너지를 투자하기를 나는 권하고 싶지 않다. 직장은 직장이고 이제 자신의 삶을 돌아보고 자신이 진정 원하는 삶의 목표를 가져보아야 한다. 그렇다고 직장 일을 소홀히 하라는 의미는 아니다. 진정으로 자신이 살아야 할 삶을 알아내고 직장 생활을 하면서 그 삶도 함께 추구해야 한다는 의미이다. 그러기 위해 가장 좋은 방법이 책 쓰기임을 강조하고 싶다. 책 쓰기는 책 쓰는 동안, 자기 내면을 반복해서 생각하기 때문에 자신을 알아가는 최고의 방법이 된다. 자신을 알면 자신이 추구해야 할 삶도 그림이 그려진다. 모든 것이 자신을 모르기 때문에 외부에 더 비중을 두고 살게 되는 것이다. 책 쓰는 과정은 자신의 원래 모습을 인지하고 꿈과 목표를 찾아가는 과정임을 다시 강조 하며 직장인들이 책 쓰기를 꼭 도전하길 바란다.

근시안적인 삶이었다

　1꼭지 글 쓰는 기본은 서론-본론-결론이다. 써야 할 분량은 A4 2장이다. 최소 7문단 이상은 써야 2장을 채울 수 있다. 쓰기 전에 각 부분에 어떤 내용을 쓸 것인지 구상한다. 서론에는 어떤 일화를 넣을까? 아니면, 간단히 질문하고 명언으로 말문을 열까? 고민이 된다. 통상, 첫 문장 쓰기가 가장 어렵다고 한다. 그것과 비슷하게 서론 부분을 어떻게 쓸지 가장 고민한다. 기성작가들도 예외가 아니다. 인생 첫 책을 쓰는 사람이라면, 아니면 바쁜 직장인들이 책 쓰기를 한다면, 서론 부분에서 막혀 1꼭지 글쓰기 시작도 못 하는 경우가 많을 것이다. 어려움의 이유는 다른 것이 아니다, 서론을 쓰기 위해서 본론과 결론을 정해두어야 하기 때문이다. 사실, 결론은 앞에 글을 쓰면서 융통성 있게 상황을 보며 즉석에서 써도 되지만, 본론은 미리 정해두고 본격적으로 꼭지 글을 써야 한다. 근시안적으로 어떻게 될 거라고 하는 마음으로 쓰기 시작했다가는 1장 이상을 채워 쓰기 어렵다.

책을 쓰기 전에는 특별한 목표가 없었다. 왜냐하면, 이미 나는 그 목표를 이루었다고 생각했기 때문이다. 직장이 바로 나의 목표라고 생각한 것이다. 목표는 진화한다. 직장을 얻기 전에는 직장이 최고의 목표이겠지만 그 목표가 달성되고 나면, 한 수준 높은 목표를 정하고 살아야 삶의 수준도 높아진다. 하지만, 보통은 목표 상향을 생각하지 않고, 목표 달성 이후 그 생활에 만족하며 근시안적으로 산다. 직장생활을 중심으로 하루를 살고, 1주일도 살고, 1달, 1년을 그렇게 산다. 다른 포부와 도전이 있기는 하지만, 그래도 직장생활이 가장 우선시 되는 것이다. 이렇게 살다 보니, 시간이 지나도 삶의 변화는 더딜 수밖에 없다. 올해가 내년으로 이어지고, 내년이 직장을 그만둘 퇴직 때에도 변화 없이 나이만 먹는다. 전체 그림을 그려보면, 쉽게 알 수 있고 쉽게 이해하게 될 것이다. 근시안적으로 살면 내 삶을 전체적으로 그려보는 이 일조차 쉽지 않게 된다.

아침에 우연히 필리핀에서 쓴 내 책이 눈에 들어왔다. 2019년 필리핀 세부에 살면서 쓴 나의 에세이식 자기계발서이다. '필리핀에 정착하기도 바쁜 와중에 어떻게 이런 책을 썼을까?'라고 스스로 대견스러워졌다. 《유학원 거치지 않고 세부 살이, 좌충우돌 정착 이야기》 제목도 길다. 제목만 봐도 좌충우돌 세부 생활이 새록새록 되살아난다. 목차를 보니, 제4장, 알면 유익한 소소한 세부 정보 10가지가 있다. 소제목인 '외국인에게 받는 차별, 흥분하지 마라'의 꼭지 글을 보니, 외국인이라고, 영어가 익숙하지 않다고 가격을 불려서 현지인보다 비싸게 받았던 상인들이 생각났다. 또한, 세 들어 살다가 이사할 때, 집주인이 원래부터 있었던 벽의 금을 1년도 안 산 우리에게 책임 추궁하면서 보증금을 되돌려 주지 않았던 황당한 일도 생각났다. 우리는 아이가 다니는 사립학교 바로 옆에 있는 빌리지에 살았는데, 주인이 그 학교의 이사장이었다. 사립학교와 빌리지 건축 후 임대, 매매 사업을 하는 사람이었는데, 그런 억지를 부렸다. 결국 애간장을 태우고 난 후 3달 치 중 한 달 치의 보증금을 제하고 2달 치 보증금만 간신히 건네받았다. 그런 경험을 통해서 임차할 때는 반드시 집 상태를 사진으로 촬영해서 공증받아 놓는 것이 좋다는 사실도 배웠다.

이 책을 읽다 보니, '그래그래 맞아, 그랬었지!'라며 새삼스럽게 기억하는 것들이 많다. 내가 쓴 책이라도 시간이 지나고 나니 도움이 되는 자료도 있다. 다음에 세부 살이 기회가 있을 때, 이 책을 다시 읽어봐야겠다고 생각했다. 그 당시 이 책을 쓰게 된 목적이, 세부 살이를 준비하고 시작할 때, 세부 살이의 소소한 이야기를 쓴 책이 시중에 거의 없어서 출간하게 되었는데, 결국 나에게도 이 책이 그 당시의 경험을 되새기는 자료가 되었다. 세부 경험이 없는 사람에게는 나와 같은 실수를 하지 않게 되었고 또한, 다양한 정보를 얻는 책이 될 수 있게 되었다. 만약 내가 세부 살이에 관한 책을 쓰지 않았다면, 그냥 그대로 잊혔을 기억들이다. 그 기억이 얼마나 소중한데, 다 사라졌을지 모르겠다. 세부 살이에 대한 정보와 지식이 부족해서 나와 같이 맨땅에 헤딩하듯이 세부 살이 적응의 어려움이 생겼을 것이다. 근시안적인 관점이 아니었기에 이 책을 쓸 수 있었다. 책 쓰기는 그렇다. 책을 쓰다 보면 자꾸 먼 미래와 다른 사람들을 생각하게 된다. 결국, 다른 사람은 물론이거니와 미래의 나에게도 도움이 되는 삶을 살게 된다.

또 다른 책을 구상했었다. 코로나와 같은 감염병 관리에 대한 경험에 관한 책이다. 학교에서 코로나 감염예방 및 관리를 위해 가장 최일선에 서서 앞장서는 사람이 보건교사이다. 각 학교 보건교사는 확진자가 발생했을 때 빠른 대응으로 학교 내 전파를 최대한 막기 위해 노력했다. 코로나 상황이 발생했을 때 했던 일들을 간단히 정리해 보자면, 확진자가 발생하면, 교육청 구두보고부터 시작한다. 그다음으로 비상 대책 회의를 소집하여, 상황브리핑을 하고 역할 분담을 알린 후 협조를 구한다. 확진자와의 밀접 접촉자 범위에 따라 필요시, 추가 인력 1인을 신청해야 하기도 한다. 인력 요충은 전염병의 원활한 대응을 위한 일시적 인력 보충 요청이다. 회의가 끝나면, 일반교사들에게도 이 상황을 알린다. 방역 당국이 연락이 오기 전까지 학생들 이동

없이 대기시키고, 연락이 오면 선별진료소 설치해 정해진 밀접 접촉자에 대한 코로나 검사가 실시되겠다. 밀접 접촉자가 아닌 학생들은 부모님에게 상황 문자를 보낸 후 귀가 조치했다. 검사 결과는 1박2일 걸리니, 확산 없이 무사히 음성이 나오길 바라면 다음 날까지 기다리게 한다. 확진자가 발생하지 않으면 일의 양이 줄어드나 싶겠지만, 확진자가 발생한 상황 이상으로 할 일이 많았다.

코로나 기타 감염병 관리에 관련한 책을 꼭 써야겠다고 생각하는 이유는 향후 전염병이 다시 창궐할 때, 참고로 할 감염병 관리 자료가 되게 하기 위함이다. 필리핀 세부살이가 자료와 정보가 되었듯이, 다음에 또 다른 팬데믹 상황이 발생한다면 감염병 관리 경험을 쓴 책이 귀한 자료가 될 것이다. 책은 생생하게 기억날 때 쓰면 가장 좋다. 필리핀 세부살이 경험 중에 책을 섰기 때문에 가장 실제적이고 세세한 경험 사례를 실을 수 있었다. 감염병 관리 상황 중에 쓰는 보건교사의 대응 사례와 경험들이 미래에 가장 실질적이고 가치 있는 자료들이 될 것이기에 감염병 상황과 관리 중에 책을 써야 한다고 생각한다.

책을 쓰면, 근시안적인 사고에서 점점 멀어진다. 과거에 쓴 책이 미래에 소중한 자료가 됨을 깨닫게 됨으로써, 나는 현재의 관점으로만 살지 않게 되었다. 미래에도 가치가 있는 경험들은 특히, 더 책으로 남겨야 한다고 생각한다. 현재의 특별한 상황, 평범하지 않은 경험들은 책 쓰기의 좋은 주제가 되고, 그것은 미래에 의미 있는 정보들이 된다. 나에게나 또 다른 누군가에게. 1꼭지를 쓰면서도 서론만 생각하지 않고, 마지막인 결론까지 구상하게 된다. 책 쓰는 이 방법이 삶의 방식이 된다. 근시안적인 관점으로는 서론에서 결론까지 쓰지 못한다. 근시안적인 관점은 책 쓰는 과정을 통해서 거시적인 관점으로 변화되어 전체를 보는 습관을 형성시킨다. 정말, 책만 쓸 뿐인데, 세상을 보는 관점이 변화되어 근시안적인 삶에서 벗어나게 된다.

책을 쓰기 전에 비해 책을 쓴 후의 변화들은 분명히 있다. 변화는 사람마다 다르겠지만 기본적으로 사고의 전환이 공통된 부분이다. 사고의 변화가 없이는 책을 써 내지 못하기 때문이다. 책을 쓴 대부분 사람은 책을 쓰기 전의 사고에 변화가 있었다고 볼 수 있다. 책을 1권 쓸 때와 2권 쓸 때 또 다르다. 책을 쓰기 위해서 해야 할 필수적인 부분이 1꼭지 쓰기인데, 1꼭지, 1꼭지 쓸 때마다 느낌과 감이 다르다. 그것처럼, 1권, 2권 쓰다 보면, 관점의 변화가 크게 일어나게 된다. 직장인들이 바쁘고 여유가 없다는 이유로 오로지 직장생활만 해서 눈앞에 보이는 처리할 일들에 영혼을 뺏기게 된다. 사실, 그 일들은 끝이 없다. 돌아서면 할 일이 늘어져 있는 육아하는 엄마와 같다. 만약, 책 쓰기를 도전한다면 바쁘지만, 책 쓰기에 집중하고 집중한 만큼 전체를 보는 거시적 관점이 생겨 세상을 달리 살게 된다. 직장인 일수록 책을 써야 하는 이유가 여기에 있다. 근시안적인 삶에서 거시적 관점으로의 사고변화를 원하고 내가 원하는 삶 중심으로 살고자 하는 직장인이라면, 이제는 책 쓰기를 도전해 보길 강력하게 추천한다. 책 쓰기 응원한다.

제2장
책 쓴 후, 직장인의 삶

직장과 꿈은 다를 수 있음을 인지한다

"간호장교."

"간호 학원 강사."

"보건교사."

이 직업군은 내 삶과 함께했다. 국군간호사관학교를 졸업하고 내가 살아온 직업이다. 현재 진행형이기도 한, 직업, 3번이지만 바뀌었다면, 적은 변화는 아니다. 같은 전공이기는 하지만, 이렇게 여러 번의 직업을 바꾸면서 나는 직장은 영원한 것이 아니고 얼마든지 변할 수 있다는 사실을 피부로 느꼈다.

첫 직장을 가졌을 때만 해도, 직장은 곧 나이고 내가 곧 직장인 듯, 평생 함께 갈 것 같은 느낌이었다. 하지만, 세상에서 영원한 것은 아무엇도 없는 법, 간호장교라는 직업 또한 그랬다. 어느 곳에 가서든, 당당하고, 그 누군가에게도 거침없이 그 직업을 말할 수 있었던 그 당시를 생각해 보면, 참, 절로 웃음이 나온다. 그 당시 나 자신을 상상하면, 세상 물정 전혀 모르는 철부지 같은 모습이었다. 그렇게 자부심을 가지고 평생 함께할 것 같았던 '간호장교'라는 직업도 시간이 지나고 30대 중반이 되니, 떠나야 할 직업에 지나지 않았다. 두려움 반, 아쉬운 반, 당장 무엇을 어떻게 해야 할지 몰라, 불안한 마음 가득 안고, 나는 군 병원 문을 나섰다. 그렇게 해서 대학 졸업 이후 9년이란 시간이 지난 이후 나는 사회 첫 출발을 했었다. 배운 것이 '간호'라, 간호학원에 임시 강사로 취직했다. 그것도 감사했다. 그래도 취직할 수 있구나, 라는 생각으로 배우며 가르치면서 행복한 시간을 보냈다. 물론, 나는 일반병원에 문을 두드릴 수 있는 입장이었지만, 일반병원에 취직하기에는 나이가 걸림돌이 되었다. 그리고, 자신감이 없었다. 다른 길을 찾는 수밖에 없다고 그 당시 생각했다. 직장은 때가 되면 나가야 하고 때가 되면 다른 곳으로 미련 없이 떠나야 한다는 현실을 뼈저리게 느꼈다.

이제 정말 마지막 종착지인 보건교사. 이 직업에서 나는 나의 뼈를 묻겠다고 생각하고. 간호라는 전공이 있었기에 그나마 평탄하게 직장 이동이 가능했다. 아주 감사할 따름이다. '간호' 전공이 정말 좋다.

전공선택을 아주 잘했다고 생각하면서 '그래, 나는 마지막 직업이니 열심히 해서 정년까지 성실하게 해야겠다.'라고 생각했다. 그렇다고 해서 직장의 매너리즘, 직장에 대한 회의감, 직장에서 좌절감, 누구나 겪는 그런 감정들을 완전히 몰아낼 수는 없었다. 스스로 다독이고 마음을 챙겨가면서 일을 하더라도 완전히 그런 부정적인 감정으로부터 자유로울 수는 없었다. 사람의 마음이 간사한 것이다. 처음에는 직장을 가지게 된 자체만으로 세상 최고로 행복한 사람인 듯이 부푼 기쁨을 주체할 수 없었는데, 1년, 2년, 3년…, 세월이 지나면서 마음들이 바뀌게 되는 것이다. 나 또한 예외가 아니었다. 그러다가 책 쓰기를 하게 되었다. 뭔가 내 삶에 혁신이 필요하다는 생각에, 새로운 뭔가를 시작했고 그것이 바로 책 쓰기였다.

책 쓰기를 시작하면서 꿈과 직장은 다르다고 생각하게 되었다. 난 국문학과를 나온 것도 아니고 어릴 때 책을 열심히 읽었던 것도 아니었다. 글쓰기는 더더욱 하지 않은 지극히 평범한 대한민국 평범한 여성이다. 그런 내가 육아의 어려움을 책으로 극복하면서, 글에 관심을 가지게 되었다. 글의 가치, 책의 놀라운 혜택, 책이 주는 해법에 매료되어, 책 쓰기에도 관심을 가지게 되었다. 거기에다가 직장에서의 슬럼프도 책을 쓰게 된 직접적인 계기가 되었다. 우여곡절 끝에 인생 첫 책을 쓰고, 나는 책 쓰는 기술을 잊어버리지 않기 위해, 매일 쓰기로 결심했다. 책 쓰기 기술, 귀하게 얻은 것이다. 이 기술이야말로, '간호'의 기술 이상의 가치가 있을 것이란 판단을 하게 되었다. 그 이후 나는 매일 책 쓰기를 했다. 기분이 좋을 때도, 기분이 나쁠 때도, 우울할 때도, 비가 오나 눈이 오나, 주변 환경, 나의 감정에 상관없이 1일 1꼭지 쓰기를 위해 노력했다.

출간하는 책이 늘어나면서, 책 쓰기에 진정 재미를 느끼게 되었다. 매일 1꼭지씩 쓰려고 노력한 만큼, 나에게 완성한 원고가 늘어갔다. 현재에도 써놓은 초고가 6개 이상 있다. 출간 17권 이상, 완성 초고 6개 이상, 그 양으로 따져도 엄청나게 쓴 것이다. 양이 차면, 질이 변화된다는 진리대로, 그렇게 양이 차니 나의 마음에 변화가 생겼다. '책 쓰기는 평생, 놓지 말아야 할 나에게 귀한 일이구나.'라는 확신이 생기기 시작했다. 책 쓰는 방법에 대한 매뉴얼도 쓰면서, 책 쓰기 대중화를 위해 내가 나의 삶을 투자해야겠다는 포부가 생겼다. 책 쓰기가 직장인이나 일반 평범한 사람들에게 어떤 문제해결점이 될 수 있다는 것을 인지하게 되었다. 자기 계발에 항상 목말라하는 직장인들에게는 먼 거리를 바쁜 시간 쪼개가면서 이동해서 어렵게 하지 않아도 된다. 집안에서 내가 활용할 수 있는 시간에 책 쓰기를 하면 자기 계발이 저절로 가능해진다. 일반사람들이 겪는 심리적 문제들, 갱년기 우울증, 좌절감, 낙오감 …, 많은 부정적인 감정들도 책을 쓰면서, 글을 쓰면서 자연스럽게 치유되는 경험을 하게 된다. 정신 상담받으러 찾아다니지 않아도 된다. 써보면, 그렇다는 것을 알게 될 것이다. 우선 써야 하는데, 일상에서 쉽게 쓸 수 있도록 내가 도와주어야 한다는 사명감을 가지게 되었다.

책 쓰기를 하면서 나는 진정한 꿈을 찾게 된 것이다. 책을 쓰기 전에는 직장이 나의 꿈이자 나의 전부라고 생각했다. 우물 안 개구리는 우물 안의 세상이 전부라고 생각한다. 그럴 수밖에 없다. 보고 듣고, 만지고 냄새 맡는 모든 것들이 우물 안 환경일 뿐이니, 다른 생각을 못 한다. 직장 일만 하고 다른 새로운 시도를 하지 않는다면, 우물 안 개구리처럼 직장 내에서 모든 것을 판단할 수밖에 없다. 직장 안에서만 자신의 삶을 한정 짓지 말고 직장 밖에서도 자기 삶과 꿈이 있을 수 있다는 가능성을 열어두어야겠다. 한마디로 직장 안에서 꿈을 찾기보다는 직장 안과 밖을 다 경험해 보고 인생 소중한 꿈을 찾아보기를 권한다. 중요한 것은 직장인으로 사는 삶보다는 자기 본연의 삶인 것이기 때문이다.

책을 쓰면 직장만 바라보지 않고 직장밖에 어쩌면 있을 수 있는 소중한 내 꿈을 찾게 된다. 책 쓰기는 단지 책만 쓰는 것이 아니다. 쓰기 위해 읽고, 읽다 보면 더 많이 관심을 가지면서 파고들게 된다. 책 쓰기가 하나의 기회 통로가 되는 것이다. 읽어서 알게 된 것을 자기 언어로 다시 쓰다 보면 그 내용은 완전히 나의 것으로 소화하여 흡수하게 된다. 그 어떤 지식과 지혜도 책 쓰기를 통해서 최종적으로 나의 것으로 녹아들게 되는 것이다. 이런 책 쓰기 과정을 통해서 직장만 생각하던 나의 의식에 변화가 일어난다. 직장 밖의 소중한 그 무엇인가도 염두에 두게 된다. 직장에 관한 생각과 나의 삶에 관한 생각들, 책 쓰기 전에는 거의 생각해 보지 못했던 생각들로 새로운 차원으로 변화한다. 책을 썼기 때문에 나는 평생 내가 하고 싶은 꿈을 찾았다. 지금까지 한 그 어떤 일보다, 가치 있게 생각하고 있다. 다른 사람에게 책 쓰기에 대해 동기 부여하고 인생 첫 책을 쓸 수 있도록 도와주는 그 일, 책을 쓰지 않고, 직장 일만 열심히 했다면 절대 알지 못했을 가슴 떨리는 나의 일이다. 책 쓰기를 통해서 직장과 꿈은 다를 수 있음을 확실히 알게 되었다.

직장에 몸도 마음도 함몰되지 않는다

"아구, 미워, 넌 못 생겼어."
"너도 마찬가지야, 너도 그래."

아침부터 아이들은 서로 사자 새끼처럼 으르렁거리며 싸우며 서로 마음에 상처를 준다. 대체 무엇이 잘못되었는지, 근본적인 문제들을 생각하게 된다. 어찌 저렇게, 얼굴만 보면 험악한 말, 최대한 상처를 주는 표현들로 하루를 시작하는 것인지. 지켜보는 엄마로서도 감정을 참지 못하고 때론, 폭발할 때가 있다.
"둘 다, 입 다물어, 너네는 아침부터, 뭐 하는 거야?"
이렇게 시작한 아침, 기분 좋을 리가 없다. 아이도 엄마인 나 자신도. '조금만 참을걸, 이제 중학생인 아이들이 무슨 철이 있겠어?'라고 후회한다. 후회해도 물은 이미 엎지른 상황, 그 상황에 너무 함몰되어 있었다. 상황에서 조금 벗어나서, 아침 시간이고, 그 시간은 하루의 시작으로 하루 전체의 감정에 큰 영향을 미친다는 것에 집중했다면, 슬기롭게 좋은 이야기들로 분위기를 풀었을 것이다. 좀 더 다른 점에 집중했어야 하는데 결국, 아쉬움이 남는 아침이 되고 말았다.

직장 다닐 때도 이런 비슷한 상황들은 많다. 직장의 어떤 일들로 기분이 상할 때는 앞뒤 생각하지 못한다. 한 사람의 감정이 그렇고, 같은 일을 해서 공감대를 형성하는 집단의 감정에까지 영향을 미친다. 집단 전체가 부정적인 분위기가 되면 얻는 것보다 오히려 잃는 것이 조금 더 많을 수가 있을 것이다. 이래저래 긍정적이지 못한 분위기에 매몰되는 것은 주의할 필요가 있다.

아침, 보건교사 단톡방에 메시지 하나가 올라왔다.

"성과상여금 "B", 이제는 너무나 익숙해졌다. 코로나로 평상시 보건 일이 2~3배 이상 늘어나 심신이 힘들어 이상 증상이 일어나서 명예퇴직 신청하려 한다."

코로나가 한참일 때, 코로나 확진 학생이 발생했던 학교의 보건교사가 퇴직 소식을 알리는 메시지를 단톡방에 올렸다. 그 당시 이 학교는 기숙사 학교로 코로나 예방과 확산 방지를 위한 일들이 다른 학교에 비해서 더 많았다. 그런 힘든 상황에서도 성과상여금 지급을 위한 교사 평가에서 3개의 등급 중 가장 낮은 등급인 B를 받고 마음이 무너져 내렸다고 한다. 이런 메시지를 본 보건교사도 다들 한마디씩 한다. 그래도 예전보다 좋아져서 일반선생님들과 함께 평가하는 것이 아니라, 비교과 선생님들끼리 따로 평가를 해서, 그나마 평가가 공평하게 실시되는 것은 다행이라고 말했다. 하지만, 전반적으로 코로나 시국의 특수한 상황으로 인한 업무 과다에 대한 부분이 평가 항목에 추가되지 않은 상태라, 다른 비교과보다 낮은 점수 급을 맞는 보건교사들이 많다는 이야기들이다. 여기저기에서 한숨의 이모티콘이 올라온다. 만약, 소리가 있었다면, 무슨 초상집 같았을 것이다. 나는 그래도 보건교사의 역할을 그 누구도 무시하지 못할 것이란 긍정적인 메시지를 올리고 싶었지만, 차마 올리지를 못했다. 왜냐하면, 그 우울한 분위기에 압도되기도 했고, 그런 긍정적인 말을 받아들일 분위기가 아니라는 판단이 들었기 때문이다.

내가 다른 보건교사에게 정말 마음을 다해 전하고 싶은 말이 있다. 점수는 점수일 뿐이라는 것이다. 낮은 점수 받고 좋아할 사람은 아무도 없다. 진짜 실력이 아니어도 어떤 편법을 사용해서라도 당장 점수가 높으면 기분이 좋아진다. 점수의 마력이라 할 수 있다. 거기에다가 점수에 따라 금전적인 혜택까지 따른다고 한다면, 그 점수에 아주 예민해질 수밖에 없는 것이 당연하다. 하지만 지금 당장 어떻게 보완이 되기 어려운 상황이라면, 점수는 점수일 뿐이라 치부해 버리고 감정적 에너지 소모를 줄여 장기 전략을 생각해 보면 좋지 않을까 생각한다. 당장 분노하고 흥분하면 우울해진다. 코로나 상황에서 그 누구도 예외 없이 힘든 대응과 적응을 하고 있겠지만, 그래도 학교에서 다른 어떤 교사보다 열심히 일하는 보건교사의 공을 모르는 사람은 없을 것이다. 차라리 없는 것보다 못한 교원평가제도. 일반교사도 역시나 마찬가지의 견해를 가지고 있는 그 제도로 점수에 너무 감정이 함몰되지 말고 또 다른 생각들을 해보는 것을 권한다. 코로나로부터 학교를 지키는 최일선에 서 있는 보건교사의 역할이 막중한 만큼, 어쩌면, 사소한 일인 그 일에서 벗어나라고 이야기하고 싶다. 점수가 우리의 존엄성을 규정하는 것은 아니다. 우리의 존엄은 우리가 하는 그 수많은 일들로 이미 존재의 가치를 다들 인정받고 있다.

　　보건교사들이 느끼는 감정을 이해한다. 나도 보건교사이기에 너무나 잘 안다. 코로나로 힘든 업무 여건 속에서도 사명감을 가지고 열심히 노력한 대가가 고작, 최하 등급 "B"냐? 하는 좌절감이 생겼을 것이다. 무엇인가를 바라고 일을 하는 것은 아니지만, 그래도 칭찬은 아닐지라도 중간적인 평가는 받겠다고 생각했을 것이다. 그런 보건교사의 마음을 산산이 짓밟아 버린 낙인과도 같은 만연, B등급이라는 현실이, 배신감까지 느끼게 했을 것이다. 그 좌절감과 배신감으로 움직일 여력을 잃어버리게 한 것이다. 그래도 어쩌겠는가? 코로나를 위해 우리가 해야 할 일들이 산더미처럼 산재해 있는데, 아이들을 위해, 학교를 위해 그런 감정에 함몰되지 않고 계속 그 역할을 해나가야 한다.

단톡방에서 여기저기 한숨 섞인 울분과 같은 메시지를 보면서도 나는 담담했다. 함께 흥분하기보다는 '아~ 그렇구나.' 하는 마음이었다. 보는 시각이 달라졌다. 내가 속한 단체의 아우성인데도 불구하고 나는 삼자의 마음으로 그것을 지켜보고 있었다. 그리고 그런 상황에 대해 객관적인 입장으로 그것을 바라보고 있는 자신을 발견했다. 책 쓰기 전의 모습과 다른 모습이다. 책 쓰기 전이라면 내가 더욱 화내고 흥분할 수 있는 상황들인데도, 나는 달라져 있었다. 그 이유를 생각해 보면, 아마도 상황을 객관화하여 대하는 것이지 않을까 생각한다. 개인적인 감정을 내세워서는 글을 쓰기가 힘이 든다. 적당한 개인적 감정과 함께, 개관저으로 메시지를 제시할 수 있어야 한다. 시례의 메시지로 1꼭지 글을 쓴다고 한다. 사례는 공식적인 자료가 될 수도 있지만, 개인적인 경험을 주로 쓰게 된다. 나의 경험이지만, 나의 감정에 만 충실하게 쓰는 것이 아니라, 긍정적이고 동기 부여하는 삶의 메시지를 위해, 사례를 사용하는 만큼, 좀 더 감정을 걸러서 나의 경험 이야기를 사례로 쓰게 되는 것이다. 그런 연습이 되다 보니, 어떤 상황에서도 100% 심신이 함몰되지는 않는다는 것을 알게 되었다.

몸과 마음이 어떤 상황에서 벗어나지 못하고 집착증 환자처럼 붙들려있다면, 에너지 소모는 감당의 한계를 넘어간다. 최소한 그런 에너지 소모는 줄어들게 되고, 그 에너지를 저축해서 좀 더 긍정적인 일들에 사용하게 된다.

글을 쓰면, 나의 감정을 통제하는 힘이 생긴다. 또한, 상황을 객관적으로 본다. 글 쓰는 과정을 가만히 들여다보면, 이런 연습의 연속과정이다. 1꼭지 글을 쓰면서 나의 사례와 나의 메시지를 삼자가 공감할 수 있도록 쓰려 노력하게 된다. 왜냐하면, 공감받지 못한 글은 읽혀 지지 않는 책이 될 뿐이기 때문이다. 다른 사람의 감정과 마음을 헤아리면서 나의 사례와 메시지를 잘 버무려 동기 부여하는 글이 될 수 있도록 매일 노력한다. 나의 경험을 사례로 가져와서 결국 내가 하고 싶은 메시지를 전달하는 글쓰기, 책 쓰기, 아무 경험이나 가져오는 것이 아니라, 하고 싶은 메시지에 합당한 사례를 찾아서 가져온다. 그러면서 나의 경험을 객관적으로 보는 연습도 하게 된다. 과거 경험을 그렇게 대하듯이, 현재 경험도 그렇게 대하는 버릇이 함께 생기게 된다. 자신의 감정에 함몰되지 않고, 감정이 함몰되지 않으니, 몸도 함몰됨이 없이, 제3의 눈으로 나의 삶을 바라보게 된다. 그래야 글을 쓸 수 있기에 나도 모르게 직업병처럼 그렇게 변화되는 것이다. 한편으로 아주 좋은 책 쓰기의 장점이다. 직장 생활하면서 책을 쓴다면 몸도 마음도 함몰되지 않고, 에너지 소모함을 줄이면서 평정심을 가지고 더욱 잘 지내게 됨을 느끼게 될 것이다.

직장생활, 그 자체가 바로 글감이다

책을 쓰면서 내가 가장 많이 사용하게 되는 글감 사례는 아이들과의 생활 경험이다. 책이 되는 1꼭지 글을 쓸 때, 들어가는 것은 사례와 메시지이다. 사례와 메시지를 시루떡 모양, 겹겹이 채워 넣어서 A4 2장에서 2장 반을 쓰면 1꼭지 글이 완성된다. 메시지는 궁극적으로 내가 하고 싶은 나의 말이고, 사례는 나의 메시지를 이야기 중심으로 풀어서 설명해 주기 위한 근거 경험들이라고 말할 수 있다. 즉, 나의 메시지만 쓰는 것이 아니라 이해하기 쉽게 사례를 통해서 메시지를 전달하는 것이다. 메시지만 이야기하면, 너무 딱딱해서 읽기가 거북스러울 수 있다. 대부분, 힘들어할 것이다. 만약, 우리가 수업을 들을 때, 교과서 내용만 가르치는 선생님이라면 학생들을 금방 꿈나라로 보낼

지도 모르겠다. 중간중간, 교과서에 나오는 것과 관련된 선생님의 경험 이야기를 넣어준다면 아주 쉽고 재미있게 교과서 내용을 전달하게 된다. 이 선생님의 경험 이야기가 바로 책 쓰기에서는 사례에 해당한다. 그래서 글을 쓰는 사람은 자기 경험이 들어가는 사례를 글에 쓸 수밖에 없는 것이다. 그래서 나는 아이들이 어리기 때문에 함께 하는 시간이 많고 그런 만큼, 아이들의 이야기를 사례로 많이 쓰고 있다.

책을 쓰다 보면서 느끼는 것이 내 삶이 바로 책으로 쓰인다는 사실이다. 그동안 내가 써온 책들을 한번 나열해 보겠다. 《하루 한권 독서법》,《새벽 시크릿》,《포스팅 독서법》,《유학원 거치지 않고 세부살이, 좌충우돌 정착이야기》,《나는 성장하는 엄마입니다》,《인생을 바꾸는 글쓰기의 마법》,《내 인생 첫 책 쓰기의 비법은 필사이다》,《A4 2장 쓰면 책 1권 쓴다》 기타 등이다. 대부분 내 삶의 이야기이다. 몇 권의 책에 관해서 그 배경을 풀어보자면 다음과 같다.

《하루 한 권 독서법》, 이 책은 내 인생 첫 책이다. 지금도 제목만 봐도 설렌다. 제목을 보면 그 당시 힘들었던 상황이 기억난다. 그런데도 책 한 권을 쓰기 위해 고군분투한 기억들이 되살아난다. 늦은 출산과 육아, 직장 생활의 슬럼프를 겪으면서 결국, 육아휴직을 하게 되었고, 휴직 중에도 심리적 회복은 더뎠고, 그래서 가장 어렵게 느꼈던 책 쓰기를 도전했다. 그렇게 반전의 효과를 만들어 보고자 노력했다.

그동안 그나마 책을 통해 위로받고 힘을 얻은 내 경험을 되돌려 주는 작업을 시작하게 되었다. 책 쓰기에 집중하면서 부정적 심리상태에서 조금씩 벗어날 수 있었다. 바닥을 친 자존감도 조금씩 되찾으면서 책 쓰기에 몰입했다. 그렇게 새벽 독서와 몰입 독서, 독서로 삶이 어떻게 변화되어 가는지, 나만의 독서법을 나의 경험을 섞어서 글로 써 내려갔다. 그렇게 해서 인생 첫 책을 가슴에 안는 기쁨을 맛보게 되었다. 이것이 실마리로 해서 나는 1년이 지난 시점에 다시 책을 쓰기 시작했다.

《새벽 시크릿》은 새벽 시간의 놀라운 발견에 대한 나의 경험 이야기이다. 새벽에는 특별함이 있다는 것을 독서하면서 알게 되었다. 일하는 엄마로 육아와 직장 생활을 함께 하다 보니, 개인적인 시간을 가지기 힘들었다. 책 한 장 읽기가 쉽지 않았다. 퇴근하면 아이들 챙기고, 저녁밥 먹으면 그날은 더 이상 움직일 여력이 생기지 않는다. 잠시, 소파에 눕게 되면, 그날은 그것으로 마무리가 된다. 그래서 생각한 것이 새벽 시간을 활용하자는 것이었다. 새벽잠이 많아 죽기보다 싫을 정도로 새벽잠은 고수하고 싶었으나, 독서를 위해 나는 삶의 방식을 바꾸기로 했다. 그렇게 도전과 실패의 반복을 거쳐 새벽 기상 습관을 형성할 수 있었고 새벽의 놀라운 가치를 몸소 체험하면서 더욱 많은 삶의 변화를 경험하고 느끼게 되었다. 그런 새벽의 소중함을 나만 알고 있을 수 없기에 체험 위주로 책을 쓰게 된 것이다.

《유학원 거치지 않고 세부살이, 좌충우돌 정착 이야기》 제목이 굉장히 긴데, 이 책도 역시 휴직 기간 중 세부 살이의 실제 경험을 글로 썼다. 새벽 기상 후 낮에는 절대 생각해 보지 않은 수많은 기발한 아이디어들을 접하게 되었다. 그 아이디어 중 하나가 필리핀 세부살이다. 휴직 기간을 통해, 필리핀이라는 타국 경험을 하게 되었고, 그곳에 도착 전부터 도착해서 적응하는 과정을 책으로 출간했다. 대단한 내용은 아니지만, 세부에서 꼭 해야 하는 일들과, 어떻게 하면 잘 적응할 수 있는지에 대한 정착 이야기들이다. 실제 경험해 보지 않았다면, 절대 쓰지 못할 글이다.

《내 인생 첫 책 쓰기의 비법은 필사이다》은 필사의 가치에 관한 경험 이야기이다. 나는 국문학을 졸업한 사람도 아니고, 독서를 열심히 했던 사람도 아니었다. 그런 내가 책 쓰기를 하겠다고 결단을 내리고 책을 쓰기 시작했을 때 느끼는 심리상태는 과히, 그야말로 정신적 혼란 상태였다. 내가 하고 싶은 말을 끄집어내서 써야 하는데, 막상 쓰려고 하면 머리가 하얗게 되면서 아무 생각이 나지 않았다. 분명, 내 생각이란 것이 있을 것으로 여겼는데, 내 생각이 무엇인지를 내가 잘 몰라서 좌절했다. 그래서, 생각한 것이 자판으로 필사하는 것이었다. 비록, 나의 생각이 아닌, 다른 사람 생각의 글이지만, 자판으로 문구들을 따라 쓰니, 실제 내가 글을 쓰는 느낌이 들었고, '글이라는 것이 이런 구조로 쓰는 것이구나,' 라는 감도 점점 생기게 되었다. 살기 위해 궁리하듯, 쓰기 위해 궁리하다가 발견한 필사, 이 책은 자판 필사, 그것에 대한 효과들에 대안 생생한 체험과 메시지에 관한 이야기이다.

직장에 복직한 당시, 나는 책 쓰기에 대해 새로운 구상을 했다. 복직하면서 가장 고민했던 것이, 복직 전에 했던 책을 계속 쓸 수 있을까? 하는 의문이었다. 복직하고 한 달 뒤 여유를 찾게 되자 내가 가장 먼저 한 것이 목차 만들기였다. 목차가 쌀독의 쌀처럼 가지고 있어야, 언제든 쓰고 싶을 때 쓸 수 있기에 나는 그 작업부터 했다. 주제로 잡은 것은 '직장인의 책 쓰기'이다. 지금 책으로 나온 이 책의 원고이다. 나의 직장 생활과 책 쓰기를 접목해서 직장인이 책 쓰기를 하면 무엇이 달라질 수 있는지에 관한 제목으로 정하고 쓰기 시작했다. 이 제목은 직장인인 나에게 자연스러운 제목이다. 왜냐하면, 내가 직장인이고 직장에서 일하면서 경험해서 배우고 느끼는 모든 것들이 나의 귀한 글감이 될 수 있기 때문이다. 이 글감을 포기할 수 없다. 또한, 나의 숙원과제인 책 쓰기의 대중화를 위해 직장인을 타깃 독자로 하는 것은 꼭 필요한 부분으로 여겼다.

직장에 복직한 이후에는 직장의 경험이 많은 글감을 줄 것이다. 그동안 출간한 책이 나의 삶을 그대로 반영하였듯이 직장생활하게 된 지금부터는 나의 직장 생활에서 많은 글감을 얻을 수 있다. 글감이라면, 사례와 메시지, 둘 다에 해당한다. 내가 하고 싶은 말인 메시지도 아이디어이다. 색다른 것, 나만의 것이 묻어나는 메시지를 얻기 위해서 삶의 다양한 경험들이 필요한데 직장에서 경험하는 특별한 경험들이 새로운 깨달음을 얻게 할 것이며, 그것이 또한 꼭지 글의 메시지가 된다. 그 메시지를 강조하기 위해서, 필요한 사례를 찾게 되는데 책에서 찾을 수도 있지만, 내가 경험한 과거 일화에서 사례를 찾아 글로 쓰게 되는 것이다. 내가 경험한 것에서 메시지도 사례도 주로 찾게 된다고 할 수 있고 하루 8시간 이상 머무르게 되는 직장생활은 글감의 창고가 된다.

책 쓰기를 알지 못했다면, 나는 직장생활에서 알게 된 수많은 배움과 아이디어를 그냥 흘려버렸을 것이다. 하지만 이제는 나의 소중한 체험들이 그 누군가에게는 인생을 바꿀 기회가 될 수 있음을 알게 된 이상, 나는 그 경험들을 책으로 써야 한다고 지금은 생각한다. 나 자신이 누군가가 쓴 책의 수혜자였다. 그 누군가가 쓴 경험 이야기가 나의 육아를 도와주었고 결국, 나를 독서하는 사람, 책 쓰는 사람으로까지 만드는 계기가 되었다. 이제 나 또한 누군가에게 삶을 바꿀 계기를 부여할 수 있는 사람이 되었다. 즉 글 쓰고 책 쓰는 사람이 된 것이다. 직장생활을 통해서 얻는 수많은 경험에 하나의 메시지를 추가하여 A4 2장의 글로 써낼 것이다. 복직 전의 사례가 아이들과의 삶이 주가 되었다면 이제는 직장에서의 삶도 보태어 글감이 더욱 풍성해졌다.

책 쓰는 사람으로서 이것처럼 좋은 신나는 것도 없다. 쓰는 시간만 확보한다면 더욱 다양한 글감으로 책을 계속 쓸 수 있게 된 것이다.

직장생활 자체가 바로 글감이다. 책 1권 쓸 때 필요한 것이 사례와 메시지이다. 간혹, 책 쓰는 사람들 사이에서 하는 이야기 중에 '사례가 있으면 1꼭지 쓰기는 누워서 떡 먹기이다.'라는 말이 있다. 그 의미는 사례가 있으면 1꼭지 글쓰기가 쉬워진다는 것이다. 글은 자기의 생각, 주장인 메시지로만 쓰는 것이 아니라, 사례를 앞에 내세워 메시지를 전달해야 한다. 그 사례는 주로 글 쓰는 사람의 실제 경험을 많이 사용하는데 다양한 경험을 하는 사람인 경우, 사례나 메시지에 대한 글감들이 많아서 쓰기가 그만큼 수월해지는 것이다. 책 쓰는 방법을 조금만 익히고 배운다면, 그다음 책 쓰기를 조금 더 쉽게 하느냐를 결정하는 것은 글감이 될 수가 있다는 것이다. 그런 의미에서 직장생활하는 사람인 경우, 직장생활의 경험까지 보탬이 되기에 더 많은 글감을 얻을 수 있다. 결국, 직장 생활하면서 월급도 받고 글감도 얻는다. 직장이 곧 글감의 보고라는 생각으로 직장 생활도 즐겁게 하면서 다양한 책도 쓰는 삶이 당신의 삶이 되길 진심으로 응원한다.

직장생활이 활기차다

직장 생활하면서 좋은 일들만 있겠는가? 지치고 힘든 일들이 더 많다. 나는 4년 만에 복직하여 보건교사 역할을 했다. 복직 당시, 코로나 팬데믹 상황이어서 그 역할이 더욱 막중했다. 하지만, 오랜만에 하는 일이라 모든 것이 서툴렀다. 보건의 기본적인 일을 파악하는 데만도 시간이 꽤 걸렸다. 3월, 새 학기가 시작으로 2월 말부터 출근하면서 공문으로 공부했다. 그야말로 열심히 공부하였다. 일단, 공문을 출력해서 형광펜으로 줄을 그어가면서 반복해서 읽었다. 집에서도 외출해서도 잠시 짬이 날 때는 공문을 꺼내 들고 읽었다. 나의 이런 모습을 스스로 보면서 '야! 사람은 필요하면 열심히 하는구나! 복직 전까지만 해도 어떻게 상황을 극복할지 구체적으로 생각이 떠오르지 않았는데 나름의 답을 찾은 후에는 목숨 걸고 매달리며 극복하기 위해 노력하는구나.' 생각했다. 그래도 그렇게라도 나만의 방법을 찾아 학교 내 코로나 확산을 예방하기 위해 노력했다는 것이 스스로 생각해도 장한 일이었다.

하지만, 어쩔 수 없이, 시간이 흘러야 아는 부분도 있다. 그것은 주로 기술적인 부분인데, 대표적인 것이 학교 내 하드웨어적 프로그램을 사용하는 부분이다. 교내 메신저 보내는데도 혼자서 스스로 배워서 하려니, 2박 3일이란 시간이 걸렸다. 이렇게도 해 보고 저렇게도 해보고, 시행착오를 겪는 시간이 2박 3일이었다. 다른 사람은 전혀 문제가 되지 않았던 그 일이 4년 만에 복직한 사람에게는 2박 3일의 시간 소요가 필요했다. 아마, 일반교사라면, 그렇게 시간이 오래 걸리지는 않았을 것이다. 보건교사서 단독 사무실에서 일하기에 질문하는 것이 한계가 있어 스스로 해결해야 할 일이 많고 그런 맥락에서 업무를 익히는데, 시간이 더 요구되었다. 지금은 어느 정도 익숙해졌지만, 그 당시, 그런 시간이 계속 이어지다 보니, 자신감 바닥, 좌절감, 우울감, 모든 부정적인 감정들이 생겼었다. 정말 진퇴양난, 이러지도 못하고 저러지도 못하고, 혼자 외딴섬에 갇혀 있다고 느꼈다.

"선생님들, 저는 코로나 상황에서 심신이 지쳐 명예퇴직 신청합니다."

보건교사 단톡방에 올라온 메시지이다. 다들 어떻게 답변해야 할지 몰라, 잠시, 단톡방이 조용했다. 요즘에는 좋은 시대이다. 커뮤니티가 아주 잘되어 있어, 모든 업무에 관련된 정보를 공유할 뿐 아니라 어떤 사연들도 다 공유가 된다. 필리핀 세부 살이를 할 때도 정말 막막한 일들이 많았었는데, 교민 단톡방이 있어서, 그나마 숨통이 트이고, 많은 정보를 얻어 세부 살이하는데 도움을 받았었다. 직장에서도 이런 단톡방이 있어서 다행이다. 이제 갓 신규로 발령받아서 적응하는 사람이나, 어떤 어려운 상황에 부닥친 사람들에게는 조언과 정보를 얻을 수 있는 통로가 되어 숨통이 트인다. 때론, 이렇게 자신의 힘든 마음을 토로하는 장소가 되기도 한다. 명예퇴직을 한다는 선생님은 그동안 힘든 시간을 보냈던 것 같다. 이야기를 듣자 하니, 코로나 상황으로 인해, '코' 자만 붙고, '방' 자만 붙은 제목의 공문은 모두 그 보건교사가 일을 맡았다고 했다. 많은 일을 도맡아 하는 중에 학교 내 확진자가 나와서 또 한 번의 어려움을 겪었다고 했다. 물론, 그 보건교사 혼자만 그 힘든 일을 다 한 것은 아닐 것이다. 그래도 중심 역할을 하면서 이래저래 마음고생이 있었던 모양이다. 그 어려움 잘 넘기고, 지금은 학교도 안정을 찾아갔지만, 그 보건교사는 그런 과정을 통해서 남들은 알지 못하는 상처를 받았다고 했다. 꼭 인정을 받기 위해서 직장 생활하는 것은 아니지만, 특수한 상황으로 인한 과중한 업무를 도맡았음에도 호의적인 평가를 받지 못한 것에 더욱 좌절감, 또한 느꼈던 것 같다. 그래서 퇴사라는 마지막 선택을 한 것으로 느껴진다.

직장생활을 하면서 만약, 책 쓰기를 하고 있다면, 힘든 상황을 조금은 다르게 받아들일 수 있다고 생각한다. "직장 다니는 사람에게 책 쓰기를 해라."라고 권하면 다들 고개를 내젓는다. "직장 생활만으로도 여유가 없고 힘든데 무슨 소리냐?"라고 반문한다. "너는 잘나서 그렇게 하는 줄 모르는데, 그것 쉽지 않다."라고 부정적인 시각으로 바라보기도 한다. 하지만, 여유가 없고 힘든 부분이 많을수록 자기가 집중해서 할 수 있는 일을 찾아야 한다고 나는 조언하고 싶다. 왜냐하면, 집중할 일, 예를 들어 그것이 책 쓰기일 때라도 그 시간만큼은 몰입의 시간을 체험할 수 있다. 직장 생활하는 그 시간 동안, 계속 직장 일만 생각할 것이 아니라, 점심시간이나 잠시 휴식 시간에 내가 좋아하는 그 일을 생각하는 것이다. 그렇게 되면, 전체적으로 봐서는 더욱 양질의 삶이 될 수 있고 나 자신에 충실한 삶에 가깝게 된다. 나 자신에 충실한 삶은 행복한 삶이고 활기찬 삶이다.

나는 책 쓰고 가장 많이 바뀌었다고 스스로 생각하는 것이 세상을 바라보는 태도이자 관점이다. 책을 쓰기 때문에 내가 경험하는 모든 것들을 글에 활용할 수 있다는 생각으로 경험하는 것, 세상을 보는 것들에 대해 나의 관점에 변화가 생겼다. 힘든 일도, 이 경험을 책에 꼭 넣어서 다른 사람과 공유해야겠다고 생각한다. 그러니, 힘든 상황도 나의 감정에 빠져서 헤매기보다는 좀 더 객관적인 관점으로 바라보게 된다. 한 가지 일이나 상황에 깊이 빠지지 않으니 부정적인 감정도 그만큼 덜 느낀다. 사실 조직사회인 직장에서 어느 정도 구분은 있지만, 명확하게 구분되지 않는 일도 많다. 그러면 부서 간에 갈등이 생기게 되는데, 조금씩 배려하면서 공동의 목표를 향해 함께 협력하여 만들어간다는 생각으로 일하면 마음도 편하고 결과도 좋게 바뀐다. 기본적으로 그런 마인드로 직장생활을 하지만 때론, 정말 아니다. '이 일은 내일이 아니고 다른 부서에서 할 일이다.' 하는 것도 있다. 그럴 때, 심리적 혼란과 갈등감, 외로움이 생기며 그것은 정말 많은 에너지를 소모하게끔 한다. 어떨 때는 그 일 하나로 직장을 그만두고 싶은 충동이 생기기도 한다. 계속 부정적인 생각을 반복하면서 자신에게도 상처가 되도록 내버려둘 때도 있다. 사실, 그 일 하나보다 내가 하는 수많은 일의 가치는 더욱 큰 것인데, 작은 그 일을 생각하느라 자신의 존재가치를 깎아내린다. 부정적인 생각에 자꾸 빠져들면 현명한 생각을 못 하게 된다. 이때, 글쓰기, 책 쓰기를 통해서 이런 마음들을 객관적으로 글로 녹여낼 수 있다. 마음을 글로 풀어내면, 속에서 쌓여 곪지 않게 되고 떨어진 자존감도 회복한다. 잃었던 생기도 다시 찾아서 직장생활이 활기차게 되는 것이다. 이런 지점이 직장인들이 책을 써야 할 이유라고 강조하고 싶다.

직장인이 책 쓰기를 하면 직장 생활이 활기차게 변화된다. 직장인들이 책을 써야 하는 여러 이유 중의 하나가 이 부분이다. "직장 생활 하기도 힘든데 책 쓰면 오히려 더 힘든 것이 아니냐?"라고 반문할지 모르겠다. 노력의 양으로 따지면 그 말이 맞을 수 있다. 2배, 3배의 에너지를 투자해야 하기 때문이다. 처음에는 그런 과정이 필요하지만, 글을 쓰고 책을 쓰는 과정을 점점 삶에 반복하면서 생각지도 못한 긍정적인 시너지 효과를 경험하게 된다. 이것은 책을 써본 사람만이 알 수 있는 부분인데, 책 쓰기의 부수적인 효과이다. 인생 첫 책을 쓰는 사람은 자신의 이름으로 출간한 책 한 권을 목표로 쓰게 된다. 나 또한 처음에는 그랬다. 1권의 책만이 목표였었다. 하지만, 막상 책을 써보니 출간한 1권의 책은 책 쓰기 가치의 지극히 작은 일부분이었다. 책을 쓰는 과정을 통해서 깨닫고 성장하는 가치들이 훨씬 컸다. 그 대표적인 것들이, 책을 쓸 때 필요한 과거 경험 사례를 구하면서 내 삶의 소소한 경험들이 소중하다는 것을 깨닫는다. 또한 힘든 경험에서도 깊이 빠져들지 않고, 객관적인 시각으로 부정적인 감정에 함몰되지 않는다. 그렇기에 힘들게 느껴지는 직장 생활도 매너리즘 없이 활기차게 할 수 있다. 고속도로 중간중간에 있는 쉼터처럼 지친 직장 생활에 기력을 회복하고 활력을 찾는 쉼터와 같은 역할을 할 책 쓰기, 직장인이라면 꼭 도전하라고 강조한다.

연구하는 삶을 산다

현재의 생각이 우리의 미래 삶을 결정한다. 나는 인생 첫 책을 쓰기 전에 다음과 같이 생각했다.

"나도 책을 쓰고 싶다. 내가 책으로 많은 도움을 받았듯이, 나의 경험이 다른 누군가에게 도움이 되고 삶을 변화시킬 동기 부여가 되도록 나도 경험을 공유하고 싶다."

이런 작은 생각이 하나의 씨앗이 되어 책을 쓰기 시작했고 결국, 《하루 한 권 독서법》이란 첫 책을 쓸 수 있었다. 그 책은 2018년에 출간한 책인데, 지금까지도 잊히지 않고 독자에게 계속 읽히고 있음을 온라인 서점 판매 지수를 통해서 확인하고 있다. 인생 첫 책 제목만 봐도 설레는데, 지금도 여전히 읽힌다는 사실 그 자체는 나에게 감동을 안겨주고 있다. '책 쓰기란 것이 이런 것이구나! 특별할 것 없이 반복되는 일상에 소소한 감동을 끊임없이 제공해 주는구나!'라고 생각한다. 책 쓰기의 동기가 무엇이었던지 이런 황금알을 낳는 거위 같은 존재인 책 쓰기가 나에게 있음에 항상 감사하고 있다.

현재까지 20권 이상의 책을 썼지만, 책을 쓸 때마다 나는 스스로 배우고 익힌다. 책 1권 쓰는 것은 1꼭지 쓰기에서부터 시작이다. 1꼭지를 쓸 수 있다면 언제든지 책 1권 출간도 가능하다. 1꼭지 글쓰기가 책 쓰기의 핵심이라고 할 수 있다. 처음 쓰는 사람에게 목차 만들기의 높은 벽은 무시 못 하지만, 사실, 목차는 혼자가 아니라 멘토와 함께 얼마든지 만들 수 있다. 하지만, 1꼭지 글쓰기는 함께 할 수가 없다. 오로지 혼자서 익히고 견뎌내서 완성해야 할 부분이다. 그래서 책 쓰기의 장벽을 넘어서 책 쓰기를 계속하고자 하는 사람에게는 1꼭지 쓰기를 자연스럽게 하는 것이 더욱 중요하다고 말할 수 있겠다. 1꼭지 쓰기는 수시로 익히고 깨달으면서 자신만의 경험과 노하우를 쌓아가야 한다. 이것이 빠르게 되는 사람도 있겠지만, 보통은 어느 정도의 시간이 필요하다. 어떤 기성작가는 7권을 쓰고나서야 이제야, 책 쓰기가 좀 편해졌다고 했다. 나 또한, 비슷한 상황을 느끼고 있는바, 그 작가의 표현에 적극 공감한다. 뇌에 확실한 1꼭지 쓰기에 대한 데이터망이 자리를 잡는 데까지는 여러 권의 출간이 약이 된다고 볼 수 있겠다. 그러니, 인생 첫 책을 쓰는 사람에게는 1꼭지 써내는 것이 어렵게 느껴지고 때론, 절망적인 것은 당연하다. 하지만, 그렇다 하더라도 책 쓰기 방법에 근거해서 계속 쓰는 것이다. 필사도 하고, 내 글도 써보고, 되든 안 되든, A4 2장을 써보는 것이다. 정말 안 써질 때는 그냥 필사하면 된다. 필사도 1꼭지 글쓰기를 익히는 데 많은 도움이 된다는 것을 점점 느끼게 될 것이다.

책을 쓰면 다양한 내외적 삶의 변화가 생긴다. 그중의 하나가 연구하는 삶을 산다는 것이다. 1꼭지 글쓰기에 관한 연구를 끊임없이 한다. 1꼭지 쓰기의 가치를 깊이 느끼는바, 자신도 모르게 더 잘 쓰기 위해 연구하게 되는 것이다. 아침에 일어날 때도 서론-본론-결론, 밤에 자기 직전, 불을 끄고도 서론-본론-결론 방식들에 대해서 생각한다. 꼭지 글을 한 참 쓸 때는 아침, 밤뿐 아니라, 일상 곳곳에서 시간과 장소에 상관없이 나는 생각했었다. 이것은 책 쓰기 기술이 완전히 나의 것으로 장착하려면 거쳐야 할 과정이라 여긴다. 17권 이상을 출간한 나는 아직도 그것을 연구하고 있다. 내 마음에 항상 반복해서 생각하고 연구하는 그것, 구체적으로 표현해 보자면 다음과 같다.

첫째, 어떻게 하면 1꼭지를 더 자연스럽게 쓸 수 있을까?

1꼭지 쓰기는 아무리 생각해도 지나치지 않는 것 같다. 코로나 당시, 학교 수업이 끝나는 4시 50분쯤에 '코로나 예방법'에 대한 방송이 나왔다. "하루 12번을 강조해도 지나치지 않는 것이 손 씻기 와 개인 방역 수칙 준수입니다."라는 방송이 귀가하는 아이들 사이로 잔잔한 음악과 함께 울려 퍼졌다. 정말 귀가 막히는 좋은 생각이다. 자연스럽게 일상에서 감염병 예방 수칙을 교육하는 방법이라 생각한다. 하루 중 아침, 저녁으로 들을 수 있도록 하여 일상이 되도록, 손 씻고 마스크 쓰는 것이 자연스러운 일이 되도록 하는 것이다. 그것처럼, 1꼭지 쓰기가 일상이 되기 위해 서론-본론-결론을 어떻게 쓸 것인지, 어떻게 하면 좀 더 자연스럽게 읽히는 글이 될 수 있을까를 연구하게 된다. 책을 쓰고 난 후의 변화이다. 1권을 출간할 때부터 17권 이상 쓴 지금까지도 나는 1꼭지 자연스럽게 쓰기를 갈망하면서 연구한다.

둘째, 직장 생활하면서 어떻게 책을 쓸 것인가?

직장인들에게 가장 필요한 것이 어쩌면, '책 쓰기'라고 판단하게 되었다. 진입장벽이 다른 일보다 조금 높아서 그렇지, 자전거 타는 법을 배우듯이 어느 정도 책 쓰는 법을 배운다면, 그 어떤 일보다 직장인들을 성장시키고 심적인 만족감을 안겨다 줄 것이라고 확신한다. 하지만 직장인들에게 가장 취약한 부분이 시간이 부족하다는 것이다. 물론, 다른 사람들도 마찬가지이겠지만, 직장인은 직장에서 있는 하루 최소 8시간은 개인적인 일을 할 수가 없다. 몸과 마음이 오로지 직장에만 묶여 있어야 한다. 퇴근해서도 몹시 피로감을 느낄 수 있어서 책 쓰기가 엄두가 나지 않는다. 책 쓰기에 열악한 환경에서도 책 쓸 방법은 분명히 있을 것이라는 생각이다. 그 방법을 찾기 위해 지금은 그것을 연구하고 있다. 복직한 후의 변화이다. 포기하지 않는다면, 직장인으로서 좀 더 쉽게 책을 쓸 수 있는 비법을 찾게 될 것이다. 그런 믿음으로 꾸준히 고심해 보고 있다.

셋째, 1꼭지 쓰기를 어떻게 쉽게 가르칠 것인가?
독서 모임에서 공저 쓰기를 했었다. 회원들은 독서뿐 아니라 책 쓰기에 대한 열망도 강했다. 나는 먼저 책을 낸 사람으로서 아직 부족한 부분이 많지만, 공저 쓰기를 리더 하게 되었다. 나는 전체적인 계획을 세웠다. 사람들도 12명이 모였다. 1권 분량의 책을 쓰려면, 12명이 각자 3꼭지씩 쓰면 되겠다는 계산이 나온다. 계획대로라면 2개월 뒤에 초고를 완성할 수 있을 것 같았다. 우선 목차를 만들기 위해서 꼭지 제목을 만들고 그 뒤 1꼭지 쓰기부터 해야 했다. 대부분, 처음 책을 쓰는 사람들이기에, 책 쓰기가 낯설고 생소할 것이다. 앞으로 어떻게 좀 더 쉽게 가르쳐야 할지를 계속 연구하는 과정이 나에게 남았다. 책 쓰기를 하고 난 뒤, 인생 첫 책 쓰기를 하는 사람을 이끄는 공저 쓰기를 하게 되었고, 이것이 계기가 되어 사람들에게 책 쓰기를 좀 더 쉽게 가르칠 방법을 연구하는 시간도 가지게 되었다.

위의 내용은 책 쓰기와 관련된 내가 앞으로도 계속 연구하고 해결해야 할 과제들이다. 그렇다고 복잡한 숙제처럼 골치 아프고 피하고 싶은 것들이 아니다. 즐거운 고민이다. 그렇기에 꾸준히 연구할 수 있다. 당장 해결점이 보이지는 않는다. 그렇다고 해서 조급하지도 않고, 그냥, 과제 자체를 즐긴다는 마음이다. 1꼭지 쓰기는 매일 완성하지 못하더라도 빠짐없이 쓰기 때문에 지금보다는 내일이 좀 더 자연스럽게 쓸 수 있을 만큼 성장할 것이다. 직장 생활이 적응되면서 여유도 생기고 나름의 노하우도 생겨서 직장 생활과 책 쓰기를 병행해서 하는 방법도 찾게 될 것이다. 인생 첫 책을 쓰는 사람과 함께 공저 쓰기는 내가 아는 부분을 진솔하게 가르치면 되는 것이기에, 이것 또한 시간이 지나면서 더욱 좋아지게 될 것이다. 포기 없이 일관되게 계속한다면 분명히 모든 것이 지금보다는 더 좋아지고 성장하게 됨은 분명한 사실이다. 그런 마음으로 책 쓰기와 관련해서 연구하는 삶을 살아간다. 이것이 진정한 행복이지 않을까 싶다. 초지일관 한 가지를 위해 심지를 굳혀 꾸준히 알아가고 성장해 가는 것 태도를 가지고 있다는 것이 바로 크나큰 행복이다. 책을 출간하면 연구하는 경험과 그것으로 인한 행복감을 느낄 수 있다.

진정한 나의 정체성을 찾는다

4년 만의 복직. 학교에서 보건의 일이 나의 일이 되었다. 되돌아 와 보니, 학교의 빠른 변화를 아니 느낄 수가 없다. 첨단 시스템으로 느껴질 정도로 모든 시스템이 4년 전보다는 좋아졌다. 하지만, 너무 좋아졌다는 것이 나 개인에게는 문제였다. 교내 메시지 하나 보내기도 쉽지 않았다. '이것, 어떻게 해야 하는 거야?', 4년 전에는 별 어려움이 없었는데…. 교내 선생님에게 업무 관련해서 메시지 하나를 보내는 데도, 시간이 너무나 많이 걸렸다. 요즘은 도 단위로 메시지를 보낼 수 있다. 교사의 이름만 알면 검색도 가능하다. 동명이인이 많이 있지만, 간절한 마음으로 그 선생님과 연락하겠다고 한다면 반드시 연락할 수 있는 시스템이다. 이것으로 인해, 의사소통이 빨라지고 그만큼,

업무의 효율이 높아졌고 불필요한 에너지 소모를 줄일 수 있다. 정말 놀라운 발전이다. 4년 만에 복직한 사람에게는 다소, 혼란스러웠지만, 그래도 시간이 지나면 익숙해질 것이라고 긍정적으로 생각했다.

이뿐만이 아니다. 복직 당시 코로나 상황이었기에 보건의 기본적인 일보다는 코로나 대응이 우선이었다. 코로나 상황 중 가장 바빴던 보건 교사. 나 또한 마찬가지였다. 비록 오랜만에 복직했지만, 그래도 해내야 했다. 그래서 내가 선택한 방법은 필요한 공문을 프린터 해서, 가지고 다니면서 읽고 또 읽었다. 손에 들고, 여차하면 수능 공부하듯이 임용고시 시험 대비하듯이 코로나 대응을 위해 공문과 지침들을 읽었다. 시간이 날 때마다, 짬짬이 생활 중간중간에서 읽고, 줄 긋고, 입으로 되뇌기도 했다. 막연히 생각만 하고, 염려하고 두려워하는 것보다 자료를 가지고 반복해서 읽는 것이 해야 할 그림을 더 명확하게 그릴 수 있는 방법이었다. 사실, 서서히 명확해졌다. 그 과정이 보건 교사로서 정체성을 갖추고 실감하는 시간이었다. 정체성은 그렇게 형성되었다.

사람은 여러 정체성을 가지고 살아간다. 정체성을 생각했을 때, 나는 엄마라는 정체성이 가장 먼저 떠오른다. 그것이 나에게 가장 중요하다고 여기는 모양이다. 아이 낳고, 키우면서 엄마라는 정체성은 나의 핵심 정체성이 되었다. 그 외, 아내로서, 딸로서 다양한 역할과 정체성을 가지고 있다. 책을 출간하면서 나는 또 하나의 정체성을 가지게 되었다. 작가라는 정체성이다. 인생 첫 책을 써내면서 책 쓰기의 가치를 뼛속 깊이 느끼게 되었고 그 가치의 깨달음이 깊은 만큼 나는 책 쓰기를 일상으로 만들기 위해 노력했다. 책을 쓰기 전에는 잘 알지 못했다. 책 쓰기의 놀라운 가치들을. 누군가 옆에서 아무리 이야기 해도, 내가 직접 경험하지 못했기에 실감을 하지 못했다. 엄마든, 직장인이든, 책 쓰기를 통해서 가장 쉽게 성장의 문을 두드릴 수 있다는 사실 자체에 나는 가장 높은 점수를 주고 싶다. 인간의 가장 기본적인 본성이 성장을 향한 욕구이다. 성장 욕구는 책 쓰기를 통해서 충족할 수 있고 삶의 만족감도 높일 수 있다고 본다. 거기에다가 내가 쓴 경험과 노하우로 다른 사람에게 발전의 계기가 될 수 있다면 서로 상생하는 분위기를 조성할 수 있다는 점에서 더욱 가치 있다. 이렇게 인지한 상태에서 좋은 것, 나만 알고 있을 수 없다는 생각도 든다. 좋은 것은 나누고, 나누어서 크게 확대하자는 마음으로 지금은 일반사람들이 책을 쓰는 방법에 대해서 알려주는 전도사가 되는 역할도 생각하고 있다. 책 쓰기를 통해서 또 다른 나의 정체성이 생기는 중이다.

책 쓰기를 한다면 자신 내면의 정체성을 찾게 되는데, 그 이유를 정리해 보면 다음과 같다.

첫째, 책 쓰기는 나의 과거를 반복적으로 돌아보게 한다.

1꼭지 글을 쓸 때, 항상 사례를 통해서 메시지를 쓰게 되는데, 그 사례를 찾는 곳의 대표적인 것들이 나의 과거 경험들이다. 지나온 시간을 되짚어서 필름을 과거로 돌린다. 책 쓰는 매 순간, 이런 시간여행을 한다. 되돌아보는 과거 경험들 속에는 아쉬운 것들도 있고 스스로 뿌듯하게 자랑스럽게 생각하는 것들도 있다. 또한 다시 현실로 재현하고 싶을 정도로 행복했던 것들도 새록새록 생각이 난다. 어제 한 일도 기억하지 못하는데 먼 과거가 생각날까 여겨지지만, 글을 쓰면서 자꾸 되풀이해서 생각하면 신기하게도 세세한 것까지 되살아 기억된다. '맞아, 내가 이때는 이랬었지, 이런 모습에 이런 생각들을 하고 살았었지.'라며 나의 과거 모습들을 알고 스스로 재조명하게 된다. 과거의 나를 통해서 나의 현재 내, 외적 모습들을 이해하게 되기도 한다.

둘째, 책 쓰기는 현재의 나를 반복적으로 생각하게 한다.
바쁜 삶에서 나를 얼마나 생각해 보겠는가? 하지만, 글을 쓰고 책을 쓰는 동안에는 좀 더 철저히 나를 생각하게 된다. 나를 반복적으로 생각하지 않고는 아마도 책 쓰기가 세상에서 가장 어려운 일이 될 것이다. 소소한 일까지 글감으로 활용할 수 있기에, 큰일에서부터 작은 일까지 되씹어 반복적으로 생각한다. 다시 생각하다 보니, 최근 일이나 현재의 일에 객관적인 시각으로 바라보게 되고 되돌려 수정할 것들은 수정한다. 나쁜 아니라 남들이 봐도 괜찮은 삶으로 가는 기회를 책 쓰기를 통해서 가질 수 있다. 내가 인지하는 역할에 좀 더 충실해지고, 깊은 내면에서 스스로 원하는 그 일을 향해 나아간다.

셋째, 책 쓰기는 미래의 내 모습을 반복적으로 상상하게 한다.

결국, 내가 바라는 미래를 위해서 과거도, 현재도 열심히 사는 것이 아닐까? 하는 생각을 해본다. 과거와 현재가 있었기에 그것을 바탕으로, 그것이 어떠했느냐에 따라 미래도 결정이 되는 것이다. 책을 쓰면서, 내가 바라는 일, 앞으로 내가 집중해야 하는 일, 결국, 미래에 내가 되고자 하는 모습을 명확하게 인지하게 된다. 과거와 현재를 알게 되고, 반성과 수정을 하면서 나의 미래를 설계하고, 나의 미래는 더욱 선명한 모습을 갖추게 된다. 이것이 곧 나의 정체성으로 시간이 지나면서 내면에 자리 잡게 되는 것이다.

개인적으로 책 쓰기 전에는 이렇게 자주 나 자신을 생각해보지 않았다. 나를 자세히 들여다보고 깊이 생각하는 최고의 수단이 바로 책 쓰기라고 말하고 싶다. 책 한 권 출간하면 남들은 그 책 한 권만을 바라본다. 내 이름 박힌 인생 첫 책, 그 책 뒤에 숨겨진 더 큰 가치를 보지 못하고 알지 못한다. 손에 잡히는 한 권의 책은 단지, 지극히 작은 일부분일 뿐이다. 책 쓰기의 더 큰 가치가 수도 없이 많다.

책 쓰기, 그 자체는 자신의 정체성을 찾아가는 과정이다. 나이와 상관없이, 정체성은 누구나 스스로 찾아야 할 부분인데, 살기 바쁘다 보면 이런 시간을 가질 기회가 자주 없다. 정체성을 제대로 안 갖추었다고 해서 당장 큰 문제가 일어나는 것도 아니고 그렇게 급한 부분도 아니다. 그렇기에 그냥 눈에 보이는 역할에 충실하며 살게 된다. 하지만, 이렇기에 바쁘기만 하고 삶의 만족감은 충만하지 못하다. 내가 진정하고자 하는 그 역할, 내 삶의 중심이 되는 나만의 진정한 역할을 찾는 시간이 필요하고 그 시간이 책 쓰는 과정 동안 가능하다는 것이다. 책을 쓰면 쓸수록, 정체성은 더욱 명확해지고, 사는 동안 자신이 어느 부분에 시간과 노력, 에너지를 투자해야 할지를 알게 될 것이다. 책 쓰기를 나의 소중한 일상의 한 부분으로 가져오길 바란다. 지금부터 책 쓰기 시작해 보자.

내가 할 일을 알아챈다

할 일을 알고 스스로 움직일 때는 다르다. 누군가가 시켜서 한다거나, 아무 생각 없이 움직일 때와는 확연히 차이가 난다. 영혼 없이 움직일 때는 내부에서 뿜어져 나오는 열정 에너지가 부족하다. 자극-반응의 단순한 행동에 지나지 않는다. 최근 나는 아이들에게 한글 자판 치는 연습을 시키고 있다. 아들은 내년이 되면 중학생. 이제 숙제도 한글 워드를 쳐서 제출해야 할 과제들이 많아질 때이다. 자판 치는 속도가 느리다면 과제 시간이 배로 소비될 것이다. 안 그래도 바빠질 아이들이다. 미리 자판 치는 실력을 기르도록 해야겠다고 생각했다.

"아들, 하루에 10분씩만, 워드 자판치는 연습하자."

"응, 알았어, 엄마."

대답은 아주 시원스럽게 잘했다. 하지만, 잘 실천하지 않는다. 매번, 내가 이야기할 때만 한다. 할 때도 의욕이 그다지 없어 보인다. 불평불만도 있다. 아직 어린아이이기 때문에 조금은 강제성이 필요하다고 생각했고 아들의 불평불만의 모습을 못 본체했다. 스스로 알아서 하면 얼마나 좋을까?, 의욕적으로 열심히 워드를 치는 아이를 상상하며 그런 모습이 하루빨리 오기를 바랐다.

스스로 하는 일은 뭔가가 다르다. 내가 해야 할 일을 분명히, 제대로 알 때, 스스로 하게 되고, 더욱 열심히 한다고 말한다. 내가 해야 할 일을 분명히 알고 실천하는 방법으로 가장 쉽고 좋은 것은 글로 해야 할 일을 적어 보는 것이다. 나는 직장에 출근하면 하루 할 일을 미리 메모해 본다. 이것을 전날 밤에 적을 때도 있다. 하지만 대부분, 출근하자마자 노트북을 켜고, 직장 일에 관련된 나만의 기록 파일을 열어, 오늘 하루 할 일을 기록한다. 중요한 일을 우선순위로 해서, 오늘 꼭 해야 할 일 순서로 번호를 매겨서 기록한다.

〈4월 27일 오늘 할 일〉

1. 감염병 대응법

 - 감염병 기초 자료수집

 - 학교 현황

 - 학교 배치도

2. 구매해야 할 물품 상신

– 라텍스 장갑

– 각 티슈

– 페이스 쉴드

3. 감염병 발생 시 부서별 역할 규명 역할 분담

– 비상 대책 회의 때 필요한 사항 미리 구상하고 메모하기

오늘 할 일은 별 특별한 내용은 없다. 보건 일을 하는 사람이라면, 누구나 이런 부분을 챙겼을 것이다. 감염병 발생을 상상하며 미리 상황의 시나리오를 구상하고, 반복해서 또 생각해서, 필요한 일이나 준비할 부분을 계속 챙겨나간다. 코로나 당시에는 확진자가 나온 학교에서는 보건 교사들이 확진자 발생했을 때 실제 대응한 경험과 노하우를 공유하기도 했었다. 이것은 교육청이나 교육부에서 시켜서 하는 일이 아니다. 학교 내 코로나19 확산을 예방하기 위해 보건 교사 스스로 촉발된 행동이었다. 확진자 발생은 시간이 정해져 있지 않다. 새벽에도, 주말에도, 수업 중에도 발생한다. 시간대별로 대응 방법도 조금씩 다르기에 다른 상황의 경험 공유가 있으면, 아직 발생 전 학교에서는 대비 방법을 업데이트 한다. 그러면서, 나 또한, 매번, 해야 할 일, 미처 챙기지 못한 일을 기록하고 일을 하게 된다. 이런 식으로 기록하면, 내가 해야 할 일이 명확해지고 여러모로 좋은 점이 많다.

책을 쓰면, 역시 마찬가지이다. 한 번뿐인 삶을 어떤 일에 투자해야 할지 알게 된다. 그야말로 어느 작가의 책 제목과 비슷하기도 한 '단지 책만 썼을 뿐인데, 생각하지 못한 선물'을 얻게 된다. 삶이란, 누구나 평등하게 한 번뿐이다. 한 번밖에 없는 이 귀한 삶을 우리는 평상시 인지하지 못하고 산다. 바쁘다는 이유로 정말 중요한 것을 놓치고 살고 있지는 않았는지 생각해봐야겠다. 그래서, 작은 그림을 보면서 큰 그림을 보는 연습이 필요한데, 책 쓰기가 내 삶에 큰 그림을 보는 능력을 키워준다. 쓰지 않으면, 시야가 좁아질 수 있다. 반대로 다시 말하면, 쓰면 보는 시야가 넓어져서 내 인생 전체를 관망하는 것을 할 수 있다. 쓰면서 점점 자신을 자세히 알게 되고 어떤 일에 중심을 두고 내가 살아야 할지를 느낄 수 있다.

책을 쓰면서 인생에서 내가 해야 일을 찾는 경우는 크게 2가지로 생각해 볼 수 있다.

첫째는 기존 자기 모습에서 자신의 할 일을 찾는 경우

내가 아는 대학 동기는 '대체의학'을 공부했다. 원래 전공이 간호이니, 크게 벗어난 길은 아니라고 할 수 있다. 간호에서 뻗어간 새로운 분야라고 할 수 있다. 석사, 박사 과정을 보건 교사를 하면서 마쳤다. 그리고 그 분야에 관한 관심과 호기심을 계속 이어가면서 그 방향으로 삶을 설계해나갔다. 그러다가, 대체의학을 계속 연구하고 사람들에게 좋은 영향력을 끼치기 위해 보건교사를 그만두고 사무실을 차렸다. 현재, 아주 왕성하게 활동하면서 자신이 원하는 삶을 살고 있다.

둘째는 자기의 평상시 모습 외의 모습으로 자신의 할 일을 찾는 경우이다.

이 경우는 나에게 해당한다. 첫 책 출간 이후 3년 동안 8권의 책을 썼고, 현재까지 총 20권 이상의 책을 출간하면서 나는 내가 평생 해야 할 일이 바로 책 쓰기와 관련된 일이라는 것을 깨달았다. 인생 첫 책을 쓰지 않았다면, 그 뒤 책 쓰기를 일상으로 만들어서 꾸준히 쓰지 않았다면 지금처럼 책 쓰기를 내 인생 과업으로 생각하게 되었을까 싶다. 절대 알지 못하고, 내 소중한 일을 찾지 못한 채 이생을 마쳤을 것 같다. 인생 첫 책 쓰기로 인생 과업을 만나게 되어 나는 너무나 다행이라고 생각한다. 책 쓰기의 가치를 알게 되어 천만다행이라고 여긴다. 책 쓰기의 여러 귀한 가치들을 사람들이 알기를 바란다. 특히, 바쁘고 힘들고, 삶의 여유가 없는 사람들이 책을 쓰고 새로운 세계를 경험하길 원한다. 이런 마음이 자꾸 생기는 나 자신도 신기하지만, 마음속 깊이 '책 쓰기'에 대한 가치를 인지하며 '책 쓰기'에 꾸준히 애정을 쏟는 스스로가 대견스럽다. 통과 관문이 다른 일보다 조금 더 높아, 쉽게 접근하지 못하는 책 쓰기, 나로 인해 조금 쉽게 접근하길 진심으로 바란다. 사실 나 자신이 책 쓰기의 장벽을 낮추는 일을 현재

하고 있다. 대단한 글 재주꾼도 아니고, 지극히 평범한 내가 여러 권의 책을 쓴 자체만으로 나를 아는 주변 사람에게 동기 부여의 자극제가 될 것이라고 믿는다. 이것은 나만이 할 수 있는 일이다. 나만이 특별하게 책 쓰기에 대한 동기 부여를 해 줄 수 있는 것으로 생각한다. 나는 책을 쓰기를 원하는 평범한 사람들에게 책 쓰기를 실천할 수 있도록 영향력을 끼치고 있다고 생각해 본다.

책을 쓰고 난 뒤, 자신이 할 일을 알아채게 된다. 나는 책을 씀으로써 책 쓰기에 대한 가치를 더욱 피부로 느끼게 되었다. 써본 사람만이 느낄 수 있는 부분이라 쓰기 전의 사람은 잘 알 수 없다. 이 가치를 느끼고 알게 하기 위해서는 책을 쓰도록 해야 하는데, 내가 그 징검다리의 역할을 할 수 있기를 바라게 되었다. 책 쓰고 난 뒤의 새로운 인생 과업이 되었다. 책 쓰기 전에는 이렇게까지 생각하지 못했다. 책을 씀으로써 나는 나의 포지션을 제대로 찾게 된 것이다. 직장의 일이 내 인생의 포지션이 될 수 있기도 하지만, 아마도 대부분 그렇지는 않을 것이다. 직장은 그야말로, 직장인 것이다. 직장을 다니면서도, 나만의 인생 과업을 정할 수 있다. 책 쓰기가 바로 그런 과업을 찾고 알게 하는 원동력이 된다. 해야 할 일을 알게 된 후의 뿌듯함은 이루 말로 표현할 수 없다. 책 쓰기를 통해서 진정으로 내 인생을 투자할 멋진 일을 찾아보길 강력히 권한다.

내면에 집중하는 힘이 생긴다

"법보다는 주먹이 가깝다"

이 문구는 직장 생활할 때도 해당한다. 코로나 상황이었을 때 보건 교사인 나에게 가장 큰 과제는 만약, 학교에 확진자가 발생했을 때 그 대응을 어떻게 하느냐였다. 인근에서 계속 확진자가 발생했고 시청에서는 그것에 대한 정보를 보내줬다. 어제는 20명, 오늘은 10명, 아직 주변에는 한 명도 없는데, 시청에서 보내온 확진자 인원은 적지 않다. 산발적으로 발생하는 확진자, 어느 날은 음악 학원발 확진자가 인근 학교에서 대거 발생했었다. 일산인 이곳에서 예체능 입시 준비를 위해 서울까지 가서 음악학원에 다녔는데 서울에서 감염된 것이었다. 서울 그 학원에 다니는 여러 학생이 확진 판정을 받으면서 주말인 이 시간에도, 학교 내 선별진료소가 차려졌고 학생과 교직원들이 전수검사를 받았다고 했다. 내가 다니는 학교에서도 언제든지 충분히 발생할 수 있는 상황이었다. 미리 준비할 수 있는 것은 최대 준비하면서 나는 머리로 시나리오를 만들어 반복해서 작동시켰었다. 몸은 집에 있지만, 마음은 일터에 있었다. 종일, 이 일만 생각하는 것은 아니었지만, 많은 시간 동안 직장 일로 마음은 분주했다. 그럴 때일수록, 여유와 평정, 에너지 충전이 필요했는데, 정말 그것에 집중하기 쉽지 않았다. 당장 해야 할 일, 당장 코앞의 일이 우선이 되었다. 주말에는 누구나 직장 일로부터 자유로울 권리가 있지만 그렇게 눈앞의 코로나 대응 과업이란 주먹이 가까웠다.

책 쓰기는 내면의 것을 글로 써내는 작업이다. 금광을 깨듯이, 계속해서 쓸만한 뭔가를 내면에서 캐내야 한다. 외부에 관심을 가지던 관점을 내면으로 돌리는 연습을 자꾸 하게 만드는 것이 바로 책 쓰기이다. 내면에 그동안 살아온 나의 삶, 경험과 노하우들을 글이라는 상징물을 사용하여 들어내기 위해 머리로 그것들을 찾아내서 나만의 색깔을 입혀 구조화한다. 그리고 표현한다. 말이 아닌 글로 말하듯이 써낸다. 보통은 말이 익숙한 관계로 글보다는 좀 더 쉽게 사고의 과정을 생략하고 말로 표현할 수 있지만, 글은 아직은 그 정도는 아니다.

글에 아무리 익숙하고 글이 관련된 일을 하는 사람일지라도 사고해서 구조화하는 과정을 거쳐서 쓰게 된다. 나 자신의 내면을 밑천으로 쓰는 것이 바로 글이 된다. 이런 작업을 여러 번, 반복적으로 하다 보면, 외면보다는 내면의 질서, 구조화에 주의를 집중하게 되는 것이다.

책 쓰기는 또한 책 읽기로 이어진다. 책을 읽는 사람은 책 쓰기를 할 수도 있고 못 할 수도 있다. 하지만, 책 쓰는 사람은 책 읽기를 하지 않을 수 없다. 책 쓰는 과정을 통해서 읽지 않고 쓰는 사람이 불가능하다는 것을 알게 된다. 장르를 정하고 난 뒤 제목을 정하는 것에서부터 다른 사람의 책을 읽어야 한다. 내가 쓰고자 하는 주제로 온라인 검색을 해서, 비슷한 책이 있는지부터 확인한다. 주제의 키워드와 관련해서 현재, 어떤 책들이 출간되었는지 확인하는 것도 필요하다. 그런 책을 찾아 읽어봄으로써, 내가 써야 할 방향을 수정하기도 하고 새롭게 만들기도 한다. 목차를 만들 때도 역시 다른 사람의 책 읽기가 필요하다. 나와 아주 친숙한 주제라면 나의 머리에서 바로 목차를 만들어 갈 수 있지만, 그렇다 하더라도 나중에는 다른 사람 책들을 읽고 아이디어를 얻어 추가로 더 목차를 만든다. 목차를 만들고 본격적으로 1꼭지를 만드는 과정 자체는 내면에 집중하는 것은 두말하면 잔소리이다. 내가 하고 싶은 말, 즉 메시지를 찾는 과정에서부터 나의 내면에 도사리고 있는 부분을 들어내야 한다. 책에 집중하는 시간은 곧 내면에 집중하는 시간으로 이어진다. 머리로, 마음으로 읽는 글들이 점점 그렇게 우리를 변신시킨다.

책을 쓰면서 글을 읽으면서 내면에 점점 집중하게 된다. 내면에 집중하면, 생활도 달라진다. 글을 쓰지 않고, 책만 가까이해도 외적인 부분보다는 내적인 부분에 더 집중하며 산다. 늦은 결혼과 육아로 책을 다시 읽기 전까지, 나는 외적인 것을 추구하는 사람이었다. 눈에 보이는 화려함을 찾아 멋있는 것을 좋아했고 겉보기 좋은 것에 가치를 부여했다. 삶 자체가 그 수준에서 크게 벗어나지 못했다. 찾아오는 것은 공허감, 외로움, 삶의 무가치함, 부정적인 심리였다. 진정한 행복이 외적인 곳에 있지 않음을 내적인 삶에 집중하며 사는 지금 더욱 확실히 깨달았다. 책만 읽어도 변화가 찾아온다. 눈에 보이는 변화가 아니라 내면으로 일어나는 변화들이 서서히 가랑비에 옷 젖듯이 일어난다. 거기에다가 책을 쓴다면, 그 변화는 파도처럼 일어나게 된다. 나 자신도 이해할 수 없는 깊이로 내면은 더욱 강해진다.

내면이 강해질수록, 내면에 더 잘 집중할 수 있다. 그렇다면, 내면에 집중하는 것이 삶을 어떻게 변화시킬까? 우선은 흔들리지 않는 삶을 살 수 있다고 말하고 싶다. 우리가 부화뇌동하며 흔들리는 이유는 나의 내면에 중심이 없기 때문이다. 나는 책을 쓰면 쓸수록, 내면이 중요함을 느끼게 된다. 그러면서 의식에 관련된 책도 찾아서 읽는다. 의식 책을 바탕으로 의식이 인생 첫 책 쓰기를 어떻게 완성하도록 도와주는지, 그것에 관해 나는 글을 썼다. 초고를 완성했다. 의식의 중요성에 대한 생생한 나의 경험에 관련된 이야기를 담은 책이 이미 출간되었다. 사실, 출간보다 더 가치 있는 것은 글을 쓰면서 자기 스스로 의식, 내면에 대한 가치를 정리하고 의식을 더욱 강하게 만든다는 점이다. 글 쓰는 과정을 통해서, 나의 내면은 더욱 단단해진다. 쓴 글대로 나의 삶은 내면에 집중하는 삶이 될 것이다. 계속 쓰면, 계속 그 상태를 유지하게 된다. 또한, 더 많은 변화가 나의 삶에 함께하게 된다.

내면에 집중할수록 목표를 실천하는 힘이 생긴다. 나는 연간 출간 목표 권수를 정했다. 이것은 책을 쓰기 전에 연간 독서 권수를 정했던 경험을 벤치마킹했다. 처음에 독서 권수를 정하고 책을 읽는 것이 특별한 의미가 없다고 생각했다. 오히려, 부담과 스트레스가 되지 않을까? 부정적인 시각을 가졌었다. 하지만, 데드라인 효과처럼, 연간 독서 권수를 정한 후의 독서가 집중도를 높인다는 사실을 알게 되었다. 집중도는 효율성과 효과성을 높인다. 1시간 책을 읽더라도 집중해서 읽는 것과 그냥, 설렁설렁 있는 것은 질적인 차이가 있다. 읽는 양도 큰 차이를 만든다. 책을 더 많이 읽고 더 많이 깨닫는 계기가 될 수 있음을 알게 되었다. 그래서, 항상 연간 독서 권수, 6개월 독서 권수, 한 달 독서 권수를 정해서 책을 읽었다. 그것처럼, 나는 인생 첫 책을 쓴 이후, 출간권 수를 정하게 되었다. 연간 3권 출간 목표를 정했고 목표대로 그것을 달성하고 있다. 데드라인을 정하고 그것을 내 마음 깊이 간직한 채, 집중해서 반복하는 힘의 영향으로 목표 달성률을 최대로 끌어올렸다.

내면이 강하면 강할수록, 중심 있는 삶을 산다. 외적인 모습은 바로 내적 모습이 드러난 것이다. 외적인 것을 추구한다면, 다양하고 변화무쌍한 외적 모습처럼 중심 없는 삶이 될 수밖에 없다. 어떤 고민하는 주제에 대해서도 내면에서 정리하고, 정리한 대로 중심을 잡고 살아간다. 부모라면 어린아이의 육아에서부터, 초, 중, 고, 대학교의 교육에 이르기까지, 얼마나 많은 혼란과 혼돈이 존재하는가? 그런 상황에서도 자신만이 정한 원칙에 따라 중심을 잡고 꾸준히 밀고 나가게 된다. 다른 주제에서도 비슷한 모습으로 삶을 살아간다. 이런 힘이 내면이 강한 사람들의 모습이고, 책 쓰기를 통해서 그런 모습이 바로 내 모습이 된다.

책을 쓰면서 내면에 집중하는 힘이 생긴다. 책을 쓰면서, 책을 더욱 읽게 되고, 책과 가까이한 만큼 내면 또한 강해진다. 왜냐하면, 책 쓰기 자체가, 나 자신의 내면에 집중해야지만 쓸 수 있는 것이기 때문이다. 내 안에서 글감을 찾아내야 글을 쓸 수 있고 완성할 수 있다. 한 문단도 쓰고 A4 2장, 1꼭지도 쓴다. 1꼭지가 1권 분량의 원고를 완성하게 한다. 책 쓰는 모든 과정이 내면에 집중하지 않으면 안 되는 구조이기에 책을 쓰면 쓸수록, 내면은 강해지고, 내면에 더욱 집중한다. 내면에 강한 사람일 때, 우리는 삶을 더욱 충실히 살 수 있다. 직장 생활에서도 해결력을 얻어 힘을 얻게 되고, 나 자신이 원하는 충실한 삶에 가까이 다가서는 사람이 될 것이다. 행복이 달리 있지 않다. 내면에 충실한 삶을 사는 우리는 삶의 행복감을 느낄 수 있다. 내면을 강하게 만드는 책 쓰기, 우리가 직장을 다니면서 이제, 꼭 도전해야 할 영역이다.

제3장
직장 다니면서 책 쓰는 비법

출근 전 1시간, 내 시간으로 활용해라

"새벽 4시 40분."

오늘 아침에도 알람 소리에 습관대로 핸드폰 시간을 확인했다. 오늘은 다른 날보다 훨씬 이른 시간이다. 사실, 인생 첫 책을 쓸 때는 새벽 4시를 목표로 새벽 기상을 했었다. 새벽의 가치를 알게 되면서 기상 목표 시간을 더 당긴 것이다. 처음 새벽을 알게 된 계기는 독서였다. 일하는 엄마였던 나에게 책을 읽을 시간은 도저히 찾지 못할 시간이었다. 찾고 또 찾아도 틈이 없던 시간, 하지만, 찾고자 하는 사람에게 답은 결국 발견된다는 진리를 새삼 다시 깨달았다. 아무리 시간이 없더라도 새벽 시간은 우리가 활용할 가장 큰 시간 덩어리라는 것을 알게 되었다. 왜 진작, 나는 이 시간을 사용하지 않았을까? 그 이유는 간단했다.

　누구보다 나는 잠이 많았다. 잠을 잘 자는 것, 하나는 타고난 복이었다. 머리만 붙이면 아무 곳에서나 나의 침실처럼 여겼고, 삶에서 오는 스트레스도 잠만 푹 자고 나면, 해소되었다. 모든 문제의 해결 방법으로 잠을 선택하고 사는 나는 잠을 사랑했다. 하루 8시간 이상, 푹 자는 것은 어떤 상황에서도 내 삶 소중한 대원칙인 듯 지켰다. 특히, 새벽잠은 어떤 상황에서도 양보하지 않았다. 이런 나의 고정관념으로 새벽 시간은 침범할 수 없는 영역으로 무의식적으로 내면화되었다. 하지만, 변화되지 않는 것은 변화되지 않는다는 사실 뿐이다. 나의 잠에 관한 고정관념도 바꾸기 시작했다. 잠보다, 더 소중한 것을 만났다. 그것이 바로 독서였다. 독서의 가치를 알면서, 나는 이제, 마음이 바뀌었다. 새벽에 잠을 자지 않더라도 나는 더 소중한 책 읽기는 놓칠 수 없다고 생각했다.

"나는 살기 위해, 읽어야 한다. 읽는 것만이 나를 살린다."

　다소, 거창하긴 했지만, 그 정도로 나는 절박했다. 잠을 줄여 읽기 시작했다. 그런 나에게 새벽 시간은 사막의 오아시스였다. 이 시간만큼은 독서의 시간으로, 쓰는 시간으로 활용하기 시작했다. 그러면서,

또 한 번의 내 인생, 코페르니쿠스적인 전환을 맞이하게 되었다. 새벽의 소중함에 또 한 번 눈을 뜨면서, 독서의 가치보다, 새벽의 가치와 매력에 빠졌다. 지금은 새벽 4시 기상, 5시 기상까지는 못 하고 있지만, 여전히, 출근 전 1시간, 1시간 30분이라도 나를 바꾸는 시간, 나를 성장시키는 시간, 책을 쓰는 시간으로 활용하고 있다.

새벽 시간에 할 수 있는 일은 생각보다 많다. 같은 30분의 시간이라도 낮의 30분과 새벽의 30분은 질적 차이가 있다. 그 누군가는 새벽 1시간은 낮의 3시간에 맞먹는다고 말했다. 경험상 이 말은 맞다. 같은 30분이라도, 영향력과 성과 율은 질적으로 차이가 났다. 예를 들어서 보자면, 직장에서 일하면서 낮에 공문을 읽으면 자꾸 턱턱 걸리는 부분이 있었다. 이해 불가의 문장을 만나면, 그곳에서 멈추고 머리는 맴돈다. 이것은 시간 잡아먹는 시간 킬러이다. 하지만, 그런 문장조차도, 새벽 시간에 다시 읽으면 걸리는 것 없고, 이해 불가한 부분 없이, 내 몸에 빨아들이듯이, 읽히고 이해가 된다. 그 이유는 깊이 생각해 보지 않아도 쉽게 알 수 있다. 잠에서 금방 깨어 피로하지 않은 뇌의 상태에서는 집중력이 강하다. 그리고 더 중요한 부분은 잠재의식이 왕성하게 활동하는 시간대인지라 내 안의 깊은 자아는 어떤 상황도 쉽게 이해하는 능력자이기에 문해력의 수준이 높아진다. 낮에 못 읽었던 직장의 공문부터, 개인적으로 읽고 싶었던 책 읽기, 그리고 책 쓰기를 위해, 읽고자 정해둔 책 읽기, 1꼭지 쓰기 구상, 새로운 책 쓰기 구상 등, 다양한 일들을 새벽에는 짧은 시간 투자로 해결된다.

새벽 시간에 할 일 중에 최고는 역시 머리 써서 해내는 책 쓰기이다. 이른 새벽에 일어나서 운동하는 사람도 많다. 나는 처음, 새벽 기상 습관을 들일 때, 수영장을 다녔다. 새벽 기상, 평생 해보지 않고 살았는데, 어느 날 각오 하나로 평생 습관을 바꾸기가 쉽지는 않았다. 그래서 궁리한 것이, 외부의 힘을 빌리자는 것이었다. 혼자서 못하면, 도움을 요청해야 한다는 것이 지혜로울 수 있다. 새벽 기상도 마찬가지이다. 그래서 스포츠 센터의 새벽 수영을 등록했다. 이른 아침 6시에서 6시 50분까지 강습이었다. 6시 강습이면, 5시 20분, 30분에는 일어나야 한다. 처음에는 시행착오가 많았지만, 결국 새벽에 일어나는 것을 습관으로 만들게 되었다. 그때 나는 알았다. 새벽에 그렇게 많은 사람이 운동한다는 사실을 눈으로 확인했다. 그전에는 새벽에 일어나지 않았으니, 나의 삶에는 없는 시간이었고, 새벽 운동하는 사람도 볼 기회가 없었다. 새벽 운동, 좋다. 새벽 운동도 하고 새벽 책 쓰기도 해보았지만, 인생 전체를 볼 때, 그래도 성과 있는 삶, 만족스러운 삶을 위해서 귀한 새벽 시간은 나를 성장시키고, 새로운 삶의 계기가 되는 책 쓰기에 투자하는 것이 가장 이득이라는 판단이다.

직장인들이 책 쓰기를 하기 위해서는 새벽 기상을 꼭 습관으로 만들었으면 한다. 진짜 바쁜 사람들이 직장인이다. 남들은 "퇴근하면 뭐 하냐? 그때, 시간 활용하면 되지."라고 쉽게 말하는 사람도 있지만, 사실, 쉽지 않다. 나는 일하는 엄마로서 직장에서 퇴근하면, 집으로 출근한다는 느낌이다. 아직 아이들 어리고, 챙겨야 할 일들이 많다. 당장, 저녁밥부터 해 먹여야 하고, 공부도 봐주어야 한다. 잘하려면 매일 해야 한다고 강조하는바, 아이들에게 하루도 빠짐없이 공부하게 하고, 나 또한 그리 아이들 공부를 봐주니, 가끔 '나의 생활을 바꾸어야 하나?' 생각이 들 정도로 피곤하다. 그래도 어쩌겠는가? 공부 습관을 들이는데, 매일 하는 방식이 최고인걸. 그렇게 아이들 챙기고 나면, 나의 에너지는 바닥이 된다. 그래서, 짧은 저녁 시간, 그렇게 흘러간다. 일하는 엄마가 아니라도 바쁘기는 매 마찬가지일 것이다. 이런 상황에서 책 쓰기를 실천하기에는 새로운 변화가 필요한 것이다. 그것이 바로 새벽 기상이다. 새벽 기상, 책 쓰기 포기하고 싶단 생각도 들겠지만, 나중에는 생각이 바뀔 것으로 나는 확신한다. 성공한 대부분 사람이 새벽을 사랑하게 되는 이유가 무엇인지 진정 깨닫게 된다.

새벽에 일어나면, 다양하고 기발한 아이디어로 책도 쓰고 삶도 바꿀 수 있다. 새벽 시간을 활용해야 하는 이유 중의 하나는 아이디어이다. 새벽에는 새로운 아이디어가 많이 생긴다. 이것은 뇌의 작용이다.

스스로 발동된다. 내가 의도적으로 해서 되는 것이 아니다. 사실, 역사적으로 위대한 아이디어는 우연히 발견되는 경우가 많았다. 아이디어는 인위적으로 뇌를 돌려서 만들어지는 것이 아니기 때문이다. 그런 아이디어가 새벽 시간에는 왕성하게 뿜어져 나온다. 책 쓰기도 아이디어이다. 책 쓰기 구상에서부터, 제목 설정, 목차 만들기, 꼭지 글쓰기, 모든 부분이 아이디어가 기본적으로 필요한 것이다. 그래서 나는 강조하고 싶다. 책 쓰기를 어느 시간대에 하느냐에 따라 능률의 차이가 나타난다고. 머리 상태가 가장 맑고, 새로운 아이디어가 생기는 새벽 시간에 책을 쓰는 것이, 직장인들이 다소 쉽게 책을 쓰는 방법이 되겠다. 나 자신을 볼 때, 간절한 마음으로 새벽 시간을 나의 삶으로 끌어들인다면 누구나 가능하다고 생각한다. 직장인이라면, 새벽 기상에 도전해 보고, 그 시간에 책 쓰기 하기를 권한다.

보통 사람들은 "직장 다니면서 어떻게 책을 써?"라고, 말할 것이다. 하지만, 책 쓰는 방법을 알고, 책 쓰기 최고의 시간을 잘 활용한다면 직장인들의 책 쓰기가 일상이 될 수 있다. 책 쓰기를 타고난 재능으로 쓴다고 생각하는 사람이 대부분이다. 하지만, 그것은 책 쓰기를 잘 몰라서 하는 소리이다. 책을 안 써봤기 때문에, 선입견으로 하는 말이라고 생각한다. 책을 써본 나는 이제는 안다. 책 쓰기는 재능으로 쓰기보다, 쓰고자 하는 의지로 쓴다는 것을. 베스트셀러가 아니면 어떤

가?, 나의 경험과 노하우를 공유하고, 나 자신이 더욱 성장하고 변화한다면. 책 쓰기에 대해 거창한 의미를 부여하지 말고, 자기 계발하듯이, 직장인들이 책 쓰기에 도전하면 되겠다. 직장인들에게 사막의 오아시스와 같은 시간대가 새벽 시간이다. 이 시간대에 책 쓰기를 한다면, 낮에 하는 것보다, 훨씬 많은 도움을 받을 수 있다. 많은 아이디어를 얻을 수 있다는 것이 그 이유인데, 책 쓰기는 곧 아이디어이기 때문이다. 출근 전, 1시간 활용으로, 직장인인 내 삶에 책 쓰기 삶을 하나 더 얻어보시길 강조한다. 새로운 성장, 새로운 삶의 변화도 함께 찾아올 것이다.

일주일에 2꼭지 쓰기 목표 세워 실천해라

인생 첫 책을 쓰는 사람이 주변에 있다. 어느 정도 성취를 이루었고 초고도 완성했다. 조금씩 조언해 주기도 했던 사람이다. 하지만, 퇴고 진행이 잘 안되는 듯하다. 그 이유는 삶이 바쁘기 때문이다. 사업을 하는 그녀는 갑자기 일이 많이 생기는 바람에 퇴고를 뒤로 미루어 놓았다. 사업이 잘되고 경제적으로 도움이 많이 되는 상황인 것은 축하할 일이고 그 무엇보다 나 자신도 기쁜 일이다. 나의 일처럼, 반갑다. 그녀가 얼마나 어렵게, 열심히 사는지 잘 알기 때문에 더욱 그렇다. 대학원 과정까지 하면서, 하루 24시간이 부족할 정도이다. 하지만, 나는 염려스럽다. 초고를 다 쓴 상태이고, 지금 퇴고 과정 중에 있는데, 초고와 퇴고의 시간이 너무 벌어지면, 다시 시작하는데 에너지가 소모가 많기 때문이다.

"잘하고 싶으면, 매일 해야 한다."

나는 아이들에게 항상 말했다. 반복 효과의 힘이 크기 때문이기도 하지만, 매일 함으로써, 그 흐름을 잃지 않고 잘하고 못함을 떠나서 계속 관심을 유지하고 실력 또한 좋아지기 때문이다. 지금 퇴고 과정, 책 쓰기 과정이 주춤하고 있는 그녀가, 매일은 아니더라도 일주일에 2번, 3번씩이라도 원고를 퇴고하길 바라고 있다.

직장인이 책을 쓸 때도, 이런 원리로 책을 써야 한다. 시간이 없어서, 에너지가 바닥이라서 뒤로 미루다 보면 나중에는 되돌아오기가 정말 어려워진다. 이것 때문이라도 꾸준히, 주중에 자신이 몰입할 수 있는 시간을 짧게라도 만들어 써야 한다. 책을 쓰려면 우선 목차가 나와야 한다. 목차는 함께 만들어갈 수 있다. 목차 완성 후에는 1꼭지 글쓰기를 한다. 이것은 혼자만의 인내 시간이 필요하다. 쓰는 방법을 반복해서 습득하고 시간이 있을 때마다 실제 만들어진 목차를 바탕으로 1꼭지씩 써나가야 한다. 하지만 문제는 직장인이다 보니 시간이 너무 없다는 것, 그래서 전략이 필요한데, 그것이 바로 1꼭지 쓰기 전략이다.

복직한 나는 직장을 다니면서 책 쓰기를 계속 할 수 있을까 확신이 없었다. 직장은 최소 8시간 이상, 나의 몸과 정신을 올인해야 하는 곳이다. 그 시간만큼은 철저하게 개인적인 삶이 아니다. 직장의 존재 이유와 가치에 부합된 인간으로 직장을 위해 시간을 보내야 한다. 퇴근 후도 그 여파는 계속된다. 깨어있는 모든 시간의 많은 부분이 직장 일과 연관이 있다. 그런 상황에서 책을 쓸 수 있을까? 하는 생각이 드는 것이 자연스러웠다. 적응하면서, 익숙해지면서 일의 속도도 빨라지고, 빨라지는 만큼 그만큼 여유도 생기겠지만, 기본적으로 직장인이란 신분은 직장에 물리적인 시간을 할애해야 하기에 책 쓰기를 위한 전략을 세우게 되었다.

직장인이지만 책 쓰기를 포기할 수 없기에 전략이 필요했다. 직장인이 오히려 책 쓰기가 더 필요하다고 생각한다. 왜냐하면 직장인이 책을 쓰면 가질 수 있는 효과 때문인데 다양한 효과 중에 특히 심리적인 효과를 말하고 싶다. 책을 씀으로써, 직장에서 감정을 순화시키고 스트레스를 풀 수 있기 때문이다. 직장에서의 스트레스를 집안에까지 가지고 와서 스스로 정신적 고통 속에 갇혀 있을 수도 있는데, 책 쓰기를 한다면 스트레스라고 여긴 부분에 대한 이해도를 높이고 나름 해결법을 찾아서 책 쓰는 동안 스트레스를 해소할 수 있는 것이다. 그래서, 직장인에게 책 쓰기가 심리적 스트레스 해소를 가져와 더욱 행복하게 직장생활을 오랫동안 할 수 있게 도와준다. 한마디로 책 쓰기가 삶의 완충 역할을 하는 것이다. 직장인이라면 이런 책 쓰기를 안 할 이유가 없다.

성공한 사람은 목적부터 세우고, 어떤 일을 시작한다. 그렇게 하는 이유는 목적설정이 갖는 강력한 힘 때문이다. 목표를 세울 경우 인력의 법칙이란 것이 작동해서 목표에 더욱 빠르게 접근할 수 있도록 사람, 기회, 아이디어, 재원들이 나에게로 끌려 들어온다.

책 쓰기에서 꾸준히 해야 하는 부분이 있다면, 1꼭지 쓰기이다. 1꼭지, 1꼭지 모여서 책 1권의 분량이 되는데, 이 1꼭지가 쌓이도록 노력해야 하는 것이 필요한 것이다. 하루를 봤을 때, 도저히 시간 내기가 어렵다면 1주일 단위로 생각해야겠다. 1주일에 몇 꼭지를 쓸 수 있는지, 스스로 계산해 보는 것이다. 매일은 아니더라도 1주일 단위로 잘라서 어느 정도 쓸 수 있다면 책은 계속 쓰게 된다. 보통 생각하기를 하루 단위로 시간을 따지는 경우가 많다. 하루에 할 시간이 없으면 간절히 원하는 그 일도 달성하기 힘들 것이란 자신감 없는 결론을 내리기 쉽다. 직장인은 이런 생각을 지양해야 하고, 1주일 단위, 이것도 힘들다면 한 달 단위로라도 잘라서 목표를 세우는 전략은 필요하다.

직장 다니면서 주중에 2꼭지, 토요일 1꼭지, 일요일 1꼭지로 나는 목표를 세웠다. 한 주일 동안 해보니 아직 적응이 안 돼서 그런지 처음에는 실패했다. 토요일, 일요일은 1꼭지씩 시간 조절 가능하다면 충분히 가능할 수 있다. 주중이 문제인데, 주중 전략이 필요하다. 주중에 집중시간 확보 여부, 주중 못 쓰는 이유를 분석해 보고 그것을 관리해 보도록 노력해 보면 가능할 것으로 생각한다. 보통 주중에 못하는 이유는 엄마일 경우 집안일, 아이 챙기기 같은 일들일 것이다. 나의 경우, 가장 시간을 많이 소비되는 것이 저녁 차리고 먹고, 아이 공부 봐주는 일이다. 그래서, 반찬 하는 시간을 조금 줄이기로 했다. 반찬도 주중에 만들어 두거나, 때론, 반찬가게를 이용한다. 요즘은 살기 좋은 시대이다. 조금 금액을 내고 그 혜택을 누리고 활용하는 것도 나쁘지 않다.

직장인들이 주중에 책 쓰기를 실패하는 이유 중의 또 다른 하나는 시간을 가지지 못해서일 것이다. 시간이 많고 적음을 떠나, 자신만의 시간을 확보하는 것이 필요하다. 피곤할 때, 한숨 자고 나서, 아이들 재우고 나서 30분 책을 써도 좋고 아니면, 피곤한 밤에는 일찍 자기 시작해서, 새벽 시간을 활용해도 좋다. 개인적으로는 새벽 시간 활용을 권하고 싶다. 주중 시간에 책 쓰는 일을 하는 것을 중심으로 세팅하다 보면, 주중에도 충분히 가능하게 될 것이다. 내 경우에도 처음에는 실패했지만, 지금은 점점, 세운 목표대로, 주중 2꼭지, 주말 2꼭지를 쓰는 것으로 세팅되어 가고 있다.

인생 첫 책을 쓰는 직장인이라면, 주말 시간을 놓치지 말고 활용하기를 권하고 싶다. 주중에 너무 무리하게 시도하다가는 오히려 역효과가 날 수 있다. 몸에 익숙해질 때까지, 주중에는 책 쓰기에 도움이 되는 다른 일들을 하고 그것을 바탕으로 주말에 쓴다고 생각하면 된다. 책 쓰기와 관련된 일은 필사하기, 키워드와 관련된 책 읽기이다.

강조하고 싶은 것은 1주에 2꼭지 쓰기를 계획했다면 꾸준히 실천하라는 것이다. 꼭지 쓰기가 익숙하지 않다고, 너무 간격을 늘리면, 안 쓰는 것이나 마찬가지가 된다. 안 쓰면, 다시 쓰기 위해 끌어올려야 하는 의욕과 에너지가 너무 커 힘들게 할 수도 있다. 그 에너지, 그 감을 놓치지 않기 위해서도 1주에 2꼭지 쓰기는 인생 첫 책을 쓰는 사람이라도 실천하도록 노력하길 권한다.

직장인이 직장을 다니면서 책 쓰기를 하는 데에는 목표 설정이 필요하다. 목표를 세우지 않았을 때와 목표를 세웠을 때는 결과물에서 확연히 차이가 나기 때문이다. 목표가 곧 현실이 된다. 어려운 일로 느껴지는 일일수록 간단하면서 단순한 목표를 정하는 것이 도움이 많이 된다. 직장을 다니면서 책 쓰는 사람일 경우, 1주일 단위로 잘라서 2꼭지 쓰기를 권한다. 너무 간격이 멀어지면, 안 쓰는 것과 비슷하므로 책 쓰기 실천율이 점점 떨어질 수 있다. 그래서, 주중에는 힘들다면, 내가 쓰려는 주제와 관련된 책을 읽는다든지, 필사한다든지, 아니면, 목차에 쓸 나의 경험이나 사례를 찾는다든지, 그렇게 주말에 쓸 꼭지 제목을 위한 시간으로 가지면 한다. 그런 시간은 30분도 좋고, 1시간도 좋다. 책상에 앉아서 굳이 하지 않아도 된다. 잠들기 전에 간단히 주중에 쓸 꼭지 제목을 생각하고 자는 것도 준비하는 시간이 된다. 1주일에 2꼭지 쓰기 응원한다.

낮에는 글감을 찾고 새벽에는 글을 써라

"나누어서 일하는 것이 답이다."

아무리 어려운 과제라도 나눌 수 있다면 완성할 수 있다. 책 쓰기도 마찬가지이다. 나누어서 써야 한다. 나는 직장을 다니면서 주중 2꼭지 쓰기를 목표로 세우고 노력하고 있다. 직장 생활이 시간적 여유가 넉넉하지 못하고 피곤한 날이 많아서 글쓰기 시간 내기가 쉽지 않다. 그렇다고 포기할 수는 없다. 책 쓰기의 어마어마한 가치를 이미 알아버렸기 때문이다. 성장하는 삶, 혁신적인 삶이 책 쓰기로 가능하다는 사실을 깨닫게 되었다. 그래서 사용하게 된 방법이 1꼭지 쓰기 위해 필요한 일들을 나누기로 했다. 보통 1꼭지 쓸 때, 최소 2시간 이상의 집중적인 시간이 필요하다. 여러 권을 쓰고 나서 어느 정도 숙달된 상태에서 2시간이고 아마도 초보 작가라면 1꼭지 쓰는데, 시간이 더 걸릴 것이다. 그 시간을 한꺼번에 확보하는 대신에 나누어서 쓰기로 했다. 덩어리 시간을 평상시 한꺼번에 갖기가 수월하지 않기에 1꼭지를 나누어서 썼다. 이것은 괜찮은 방법이었다.

1꼭지 글을 쓰기 전, 쓸 메시지나 사례를 메모한다. 나의 메시지나 사례로 글을 쓰기 때문이다. 보통 장별로 꼭지 글을 쓰게 된다. 1장이 7개의 꼭지 제목으로 이루어져 있다면, 그 7꼭지를 다 쓰고 다른 장으로 넘어간다. 그렇게 쓰면, 장 제목을 염두에 두며 꼭지 글을 써나갈 수 있다. 꼭지 글은 결국 장 제목의 내용의 하부내용이 되기 때문에 장 제목을 언급해서 쓰는 것이 좋다. 그래서 같은 장의 꼭지 제목은 함께 쓰게 된다. 그래서, 꼭지 제목을 읽으면서 떠오르는 사례와 메시지를 적는다.

3-04 틈틈이 책을 읽어라
- 책 위의 먼지, 옷걸이에 걸어 둔 옷의 어깨에 쌓인 먼지.
- 미세한 먼지도 시간이 지날수록 눈에 보일 정도로 쌓인다.
3-05 글감 찾는 가장 쉬운 방법은 독서이다.

- 나는 현재 네빌 고다드의 책을 매일 아침 읽고 있다.

- 이 책을 근거로 목차를 만들어 쓰고 싶다.

3-06 직장에서 절대 쓰려하지 마라

- 직장에서 책 쓰면 발생하는 부정적인 영향은 다음과 같다.

1. 직장 일에 소홀해진다.

2. 할 일이 많아지니 마음이 급해진다.

3. 급한 마음이 반복되면, 삶의 질이 떨어진다.

4. 책 쓰기에 좋은 시선을 보이지 않는다.

이것은 이 책의 2장의 일부 꼭지 제목으로 꼭지 글을 쓰기 전에 간단히 메모한 내용이다. 미리 사례나 메시지를 적었다. 2장의 꼭지 제목들을 보면서 사례, 메시지 구분 없이, 브레인스토밍으로 떠오르는 대로 적은 것이다. 직관의 감각영역을 활용했다. 사람들은 논리적 사고로 판단하는 경우가 있는가 하면, 그냥, 느낌으로 판단 되는 경우도 많다. 느낌으로 판단하는 경우기 비로 직관이라 할 수 있고 1꼭지 글을 쓸 때, 처음에는 이런 직관으로 글감을 찾는 것이 도움이 된다. 느낌으로 미리 메모했다고 하지만, 잠재 능력으로 마음에서 건져내는 것이기에 유용한 자료가 된다.

1꼭지 쓰기 위해 미리 글감을 찾는 작업이 필요하다. 글감이 있다면, 1꼭지 쓰기가 쉽고 빨라진다. 내가 즐겨 보는 TV 프로그램이 있는데, 이 프로그램은 어머님들과 사회자가 아들들의 일상생활을 지켜보면서 이런저런 이야기를 한다. 한번은 H 작가가 나왔다. H 작가의 글 쓰는 과정과 장면이 나왔는데, 정말 공감이 되었다. H 작가는 칼럼의 주제를 정해두고, 직접 글을 쓰기 전까지 3시간의 시간 동안 고민하면서 시간을 보냈다. 그 시간 동안 꼬박 책상에 앉아 있는 것만이 아니라, 왔다 갔다 걷기도 하고 때론 청소도 하면서 구상하는 것이다. 그렇게 3시간이라는 적지 않은 시간을 보내고 난 뒤 쓸 때는 단숨에 써냈다. 글의 주제마다 쓰는 과정이 다를 수는 있다. 짧게 생각하고 짧은 시간 완성해 내기도 할 것이다. 어찌하였든, 글감을 찾아서 구상하고 나서 쓰는 것, 이것이 바로 1꼭지 쓰는 실질적인 모습이라 할 수 있다. H 작가 같은 경우, 집중적으로 시간을 사용할 수 있지만, 대부분 직장인은 덩어리 시간을 사용하기 힘들다. 하루 3시간, 4시간을 빼서 사용한다는 것은 거의 불가능에 가까울 수 있다. 그것도 일주일에 여러 번 그렇게 하기는 더 어렵다. 그런 모습으로 글을 쓰겠다는 생각 자체를 하지 말아야 한다. 직장인들이 책을 쓰기 위해서는 다른 방법이 필요하다.

책 쓰는 직장인이라면 낮에는 글감을 찾으라고 권하고 싶다. 글감은 사례와 메시지라고 할 수 있다. 이 글감만 찾고 정한다면, 쓸 때 시간을 단축할 수 있기에 직장인의 책 쓰기가 그렇게 어려운 것은 아니게 된다. 글감을 찾을 때는 여러 방법이 있을 수 있다. 주로 많이 쓰는 방법들은 자신의 최근이나 과거의 경험에서 사례를 찾는 것이다. 목차는 미리 만들고 시작하기 때문에 목차를 보면서 내가 쓸 꼭지 제목을 확인하고, 그 꼭지 제목에서 연상되는 과거나 최근 경험을 찾는다. 앞의 예에서 '3-04 틈틈이 책을 읽어라.'에서 나는 책 위에 쌓인 먼지와 옷걸이에 걸린 옷의 어깨 위에 하얗게 보이는 먼지를 사례로 사용했다. 이것은 생각 경험이다. 쌓인 먼지를 보고, 눈에 보이지 않는 그 먼지의 위력을 느꼈다. 눈에 보이지 않을 정도의 미세한 먼지이지만, 6개월, 1년의 세월이 쌓이니, 비록, 부정적이지만, 책과 옷에 손상을 줄 만큼 강력한 힘이 되는 것을 보고 틈틈이 하는 독서 또한 그런 위력이 있다고 생각하게 된 것이다.

글감을 찾는 다른 방법은 신문 기사나 뉴스에서 사례를 찾는다. 사회에는 수많은 뉴스가 매일 쏟아진다. 코로나19 당시, 가장 관심의 대상은 코로나19 관련 뉴스이다. 여전히 팬네믹 상황에서 코로나19 확진자는 줄어들지 않고 있었다. 예방 접종하고 50대 경찰관이 뇌출혈이 발생해서 의식을 찾지 못했던 기사도 있었다. 집단면역을 위해 실시되고 있는 예방 접종에 대한 불신감이 감돌았는데, 이 위기를 어떻게 극복할 것인지, 개인들은 어떻게 대처해야 하는지, 풀어야 할 과제가 되었었다. 이런 뉴스들을 인용하여, 자신이 쓰려는 꼭지 제목과 연결하여 자신의 메시지와 주장을 적으면 또 1쪽지가 완성되었다. 쓰기 전, 쓰려는 쪽지 제목이 연관된 신문 기사 내용이나 뉴스를 찾고 활용하면 좋은 콘텐츠가 된다. 이렇게 다양한 방법으로 글감을 찾을 수 있다.

낮에는 글감을 찾고 덩어리 시간인 새벽에 글을 써라. 직장인이 글쓰기에 좋은 방법이 바로 이것이다. 글감만 있으면 1쪽지 글 쓰는 시간을 벌 수가 있다. 글감이라면 사례와 메시지를 말하는데 쪽지 제목이 관련된 나의 메시지를 찾는 것도 필요하겠고, 그 메시지를 주장하기 위한 근거 이유와 사례도 필요하다. 낮에 어느 정도 글감을 찾아두면 새벽 시간에 구상한 방식대로 1쪽지 글을 조용히 써 내려가면 된다. 꼭 이른 새벽이 아니라도 된다. 자신에게 새벽과 같은 시간이라면 어떤 시간대라도 집중해서 쓸 수 있다. 1쪽지 쓰는 것을 다시 한번 더 단계별로 나누어 본다면 글감 찾기, 구성하기, 직접 쓰기로 생각할 수 있다. 글감 찾기가 가장 먼저 해야 하는 부분이다. 이것은 아이디어가 필요하고 이 아이디어는 조금 긴 시간을 두고 투자하면, 어느 순간에 번쩍하고 생각나는 경우가 많다. 그래서 낮의 시간 동안에는 시간이 날 때, 잠깐씩 생각하고, 자료도 찾고 하는 것이 쓸 때의 시간을 줄인다. 1쪽지씩 쌓여서 드디어 책 1권이 되듯이, 1쪽지 쓸 때도 나누어서 한다면 한주에 2쪽지 글쓰기도 직장인에게 가능하다고 생각하길 바란다. 낮에는 일하면서 글감 찾고, 쓸 때는 집중이 잘 되는 시간인 새벽이나 기타 자신만의 시간을 확보한다면 빠르게 1꼭지 글을 쓰고 책 쓰기가 일상이 될 수 있겠다. 직장인에게 대단한 일처럼 느껴졌던 책 쓰기도 전업 작가만의 전유물이 아니라 직장인의 평범한 일상이 될 수 있다.

틈틈이 책을 읽어라

책 읽는 사람은 결국 책을 쓰게 된다. 책을 쓰고 싶다고 생각하는 사람이라면 책부터 읽기 시작해 보길 권한다. 책을 읽는 중이거나 책 읽기를 좋아하는 사람들이 주로 책을 쓰게 된다. 노래를 좋아하는 사람이 작곡가, 작사가가 되어 노래를 만들고, 요리를 잘하는 사람이 요리책을 내게 되는 것처럼, 책을 가까이하는 사람들이 출간도 하게 된다. 나 또한 책을 읽기 전에는 책 쓰기를 전혀 생각하지 않았다. 책을 읽으면서 책을 쓰고 싶다는 생각을 자연스럽게 하게 되었다.

그렇다면 책을 읽는 사람이 왜 책을 쓰게 되는 것일까? 나의 경우를 생각해 보자면, 읽었던 책의 영향 때문인 듯하다. 나는 대학 때, 소설을 좋아해서 소설책을 많이 읽었으나 직장인이 되면서 책과는 담을 쌓고 살았다. 그러다가 인생 시련과 같은 육아의 시기를 겪으면서 육아법을 알기 위해 책을 또다시 들었다. 또한 직장생활의 어려움도 극복하고자 하는 이유도 있었다. 어찌하였든, 삶의 어려움을 해결하고자 나는 자연스럽게 책을 읽기 시작했다. 모 개그맨은 이별의 아픔을 극복하기 위해 집안에서 책만 읽었다고 했는데, 나는 공감했다. 나 역시, 삶의 어려움을 극복하기 위해 독서를 시작했기 때문이다. 책은 많은 해답을 가지고 있었다. 나의 고민을 위해 미리 준비되어 있었던 책이 많았다. 육아 책이 이렇게 많은가? 라는 감탄이 절로 나왔다. 육아 책을 읽으면서 많은 도움이 되었으며, 아이들은 육아 책대로 요긴한 정보의 활용과 적용으로 잘 키워 나갈 수 있었다. 그렇게 책 육아를 하면서 나도 누군가에게 나의 경험을 나누는 사람이 되고 싶어졌다. 나의 육아 경험도 다른 사람에게 힌트가 되도록 해야겠다고 생각했다. 결국 육아 책이 아닌, 독서법 책을 쓰게 되었지만, 책 쓰는 심리의 중심에는 내가 책을 통해 받은 만큼 나도 그 누군가에게 다시 환원한다는 취지였다. 내가 도움을 받았기에, 그 보답을 해야겠다는 마음으로 책을 읽는 사람은 결국, 책을 쓰고 싶어지고 그 욕망대로 책을 쓰게 된다.

'책 쓰기'에 관한 책을 읽고서 책을 쓰는 사람도 있다. 요즘 대세가 책 쓰기이다. 누구나 책을 쓰는 시대라는 문구를 쉽게 볼 수 있다. 그 문구는 사실이다. 위대한 학자나 유명인, 부자들만 책 쓰는 시대가 아니다. 특별하지 않은 평범한 사람들이 소소한 일상을 공유하고 잔잔한 감동을 안겨주는 책을 써서 오히려 세상의 관심을 끌고 있다. 그런 만큼, 책 쓰기에 관한 책도 많이 출간되었다. 평범한 사람들은 이웃과 같은 평범한 작가들의 책 쓰기에 관한 책을 읽고, 나도 책 한번 써 봐야겠다고 자연스럽게 생각하기 때문이다. 책 쓰기 책을 읽으면서, 책 쓰는 방법에 대한 이해도도 깊어진다. 단지, 이제, 실천해 보는 것만 남는다. 그래서 시도한다. 책 쓰기, 이제 나도 해본다는 각오로 여기저기 책 쓰기 관련 자료도 모으고 모임도 가지면서 드디어 시작하게 되는 것이다. 책 쓰기는 시작이 50% 이상이라고 한다. 책을 쓰기 시작하면 더욱 관심을 가지게 되고 책 쓰기를 완성할 확률이 높아진다. 결국 책을 쓰게 된다. 책 쓰기 주제의 자기계발서가 나를 책 쓴 작가로 만드는 것이다.

시간이 부족한 직장인들은 어떻게 하면 책을 읽을 수 있을까? 책 1권 쓸 때도 A4 2장을 쓴다는 생각으로 해야 하듯이, 책을 읽을 때도 1권을 생각하면 안 된다. 1권 언제 읽지?, 생각을 접고 독서 시간에 포커스를 맞추어 보는 것을 권한다. 즉, 짧게 읽더라도 규칙을 정해서 매일 할 수 있도록 하는 것이다. 나는 《새벽 시크릿》을 쓴 이후 새벽 시간 활용을 꾸준히 실천하려고 노력한다. 육아하고 책을 읽으면서 책 읽을 시간을 찾아 결국 새벽 기상을 하게 되었다. 그때, 처음으로 새벽의 가치를 가슴 절절히 느끼면서 《새벽 시크릿》이란 책도 쓰게 되었다. 하지만 사람의 마음이 간사하다. 마음은 흔들리는 갈대처럼 변화하는 것이 어쩔 수 없다. 책 쓴 이후에는 새벽 기상을 지키지 않게 되었다. 점점 일어나는 시간이 늦추어졌다. 나중에는 7시에 기상했다. 7시에 기상해서 아침에 나의 시간을 갖는 것은 불가능했다. 다시, 전의를 가다듬어 노력한 결과 현재는 늦어도 5시 30분에 기상한다. 5시, 4시 기상을 다시 목표로 세워 실천하려 한다. 이렇게 노력하는 것도 내가 쓴 책 때문이다. 책을 쓴 사람은 그 책처럼 살기 위해서 노력한다. 내가 쓴 책이 내 삶의 나침반이 되고 있다. 새벽에 일어나서 할 일은 참 많다. 조금씩 집중해서 하게 되는데, 그중에 놓치지 않는 것이 새벽 10분 독서이다. "10분만 읽어서 무슨 도움이 될까?"라고 하겠지만, 생각 외로 그 10분이 삶을 바꾼다.

 단지 새벽 10분 독서이지만, 하루 삶의 질을 결정할 정도로 영향력이 크다. 나는 주로 의식 책을 아침에 읽는다. 네빌 고다드의 《네빌 고다드 5일간의 강의》을 읽고 있는데, 이 책은 5번째 반복해서 읽는 중이다. 이렇게 여러 번 읽는 이유는 네빌링을 나의 삶으로 만들기 위해서이다. 네빌링이란, 우리가 생각하고 상상하는 것을 현실로 만드는 방법인데, 이 방법들을 습득하고 내가 목표가 생길 때마다 활용하기 위함인 것이다. 10분은 읽고 생각하고 상상하고 적용하고 하는 시간으로 충분하다. 새벽 독서는 낮의 어수선한 상황에 하는 독서와 확연히 다르다. 새벽 10분은 아마도 1시간 이상의 효과를 발휘한다고 본다. 만약, 인생 첫 책을 쓰는 직장인이라면 책 쓰기를 주제로 한 책을 새벽 짧은 시간 동안이라도 읽으면 매우 도움이 된다. 이렇게 자신이 살고자 하는 방향이 관련 있는 주제의 책을 선택해서 매일 이른 새벽, 단 10분 독서를 한다면 삶은 혁신적으로 변화될 가능성이 높아진다.

바쁜 직장인이 책 읽기 좋은 또 다른 방법은 온라인 독서 모임 참석이다. 코로나 상황에서는 온라인 만남이 일반화되었는데 이것도 처음에 매우 불편했다. 하지만 온라인 만남의 장점들을 인지하면서 긍정적인 모임 방법으로 인식하게 되었다. 온라인 모임은 이동시간을 줄이면서 독서에 동기 부여도 받을 수 있다. 나는 3년 전부터 독서 모임에 참석했다. 인생 첫 책을 쓰고 독서 모임에 참석하게 되었는데, 필리핀 세부 살이로 인해 잠시 중단하였다가 귀국 후 다시 줌으로 독서 모임을 한다. 독서 모임에서 정한 연간 도서 목록대로 함께 책을 읽으면서 의견도 나누고 서로 삶의 지혜를 공유하면서 이제는 없어서는 안 되는 중요한 삶의 일부가 되었다. 독서 모임을 통해서 자신이 관심 없는 분야의 책도 읽게 되고 내가 느끼지 못한 부분을 다른 분들이 이야기할 때는 '와~ 맞아. 좋은 생각이야,' 라고 무릎을 치기도 한다. 무엇보다 좋은 점은 온라인 독서 모임을 통해서 꾸준히 책을 읽을 수 있다는 것이다. 바쁠 때는 책 1권을 완벽히 못 읽는다고 하더라도 목차를 보면서 관심 있는 소제목 정도라도 읽는다. 독서 모임 후에도 나는 부분을 더 찾아서 읽게 된다.

직장 생활하면서도 틈틈이 책을 읽기를 강조한다. 왜냐하면 결국 책으로 책을 쓰기 때문이다. 독서를 통해서 많은 책 쓰기 글감을 얻게 된다. 책 쓰기의 다양한 아이디어가 책에서 나온다. 내가 쓸 책의 주제, 제목, 메시지, 사례, 모든 것들이 책으로부터 생겨난다. 다양한 책이 우리의 뇌를 자극하고 자극된 뇌는 새로운 창조물을 창조할 에너지가 촉발되는 것이다. 그래서 책을 읽는 일이 책 쓰기에 먼저 해야 할 부분이 되고 책 쓰는 중에도 아이디어가 잘 떠오르지 않으면 책을 펼쳐야 한다. 내가 쓰는 주제와 같은 책도 읽고, 상관이 없어 보이는 책도 읽어야 한다. 시간이 아무리 부족하더라도 하루 10분, 20분 읽을 시간은 누구나 있다. 하루 10분씩 매일 읽으면, 그것은 삶에 큰 긍정적인 영향력을 미칠 것이다. 아마도 독서로 인해 삶을 바꾸고, 책도 쓴다. 짧은 시간, 틈틈이 읽는다면 그것이 쌓여서 한 달 뒤 많은 변화가 생긴다. 바쁜 직장인들에게 권하고 싶다. 온라인 독서 모임으로 독서에 대한 동기 부여를 받고 새벽 독서 10분으로 독서의 10분 가치도 생생히 느끼면서 꾸준히 읽고 변화되어 책도 쓰시기를 기원한다.

직장에서 절대 쓰려고 하지 마라

조급한 마음이 큰 피해를 일으킨다. 생각지도 못한 다급함이 우리에게 큰 상처가 되기도 한다. 군 병원에 근무할 때이다. 군 병원에서 아는 사람을 만났는데, 그 사람은 그 전 얼굴이 아니었다. 온 얼굴에 흉터투성이였다. 그동안 치료를 받았다고 했지만, 작은 흉터들이 온 얼굴을 덮고 있었다. 너무나 놀라운 광경을 보고 나는 할 말을 잃었다. 왜 그러냐고 조심스러워서 묻지도 못했다. 그저, 바라보며 "아구!! 고생했네요."라고 말을 건넸다. 나중에 알게 되었다. 이 사람이 왜 그렇게 다치게 되었는지.

이 사람은 군인의 신분이었다. 휴가를 보내고 정해진 시간에 택시를 타고 복귀하던 중 사고를 당하게 되었다. 사고 직전에 택시를 타고 가던 그 사람은 이런 생각을 했다고 한다. '이 택시가 왜 다른 길로 가지?', '택시를 잘못 탄 것 아닌가?' 이런 부정적인 생각을 하면서 마음이 조급해졌다고 했다. 그래서 택시 속도가 줄어든 틈을 타서 택시에서 뛰어내렸다고 한다. 그 사고는 자신도 이해할 수 없는 사고였다고 말했다. 지극히 이성적이고 판단력이 뛰어난 그 사람이 내린 결정이라고는 믿기지 않는 황당한 것이었다. 결국, 마음의 조급함으로 무모한 행동을 하게 했고, 결국, 없어지지 않는 흉터를 평생 몸에 새기고 살게 되었다. 지금은 의료 기술이 좋아서 흉터가 좋아졌을지 모르겠다. 조급증으로 인해 자칫 목숨을 잃을 수도 있을 뻔한 사고였다.

글쓰기에서도 조급함은 금물이다. 조급함이 있다면, 그 조급함이 글에 그대로 반영이 된다. 우리가 책을 읽는 이유는 저자의 조급함을 느끼려고 읽는 것은 아닐 것이다. 마음이 그대로 책의 내용에 드러나기 때문에 그 영향 아래에서 우리는 뭔가 편안하지 않은 마음을 가지게 된다면 글의 내용에 집중하려 해도 할 수 없게 된다. 부정적인 기운 때문에 내 마음까지도 혼란스러울 수가 있다. 그래서, 글을 쓰고 책을 쓰는 처지에서는 최대한 여유로운 마음으로 쓰는 것이 필요하겠다.

만약 직장에서 책을 쓴다고 가정해 보자. 쓰는 사람에게 어떤 일들이 일어날까?

　우선은 직장 일에 집중을 못하게 된다. 과거 휴직 전에 일할 때가 생각난다. 내가 하는 일은 학교의 건강을 유지 관리하는 보건교사의 일이다. 굵직굵직한 일들도 있지만, 늘 일상처럼, 소소한 일들도 많다. 대표적인 일들이 아이들이 심하진 않지만, 치료가 필요할 정도로 다쳐서 오는 경우이다. 보통 쉬는 시간이나 점심시간을 이용하라고 지도를 하지만, 급할 경우 수업 시간에도 온다. 결국, 수업 시간이나 쉬는 시간 구분 없이 아이들은 보건실을 찾는다. 그러다 보니, 보건 교사에게는 잠시 숨돌릴 틈이 없이 항상 준비 태세를 유지해야 한다. 점심시간은 원래 워낙 아이들이 많이 오는 시간대이고, 수업 시간조차 잠시 휴식을 취하기에는 불가능한 구조가 되어간다. 잠시 쉬려고 하면 아이들은 여지없이 보건실 문을 열고 들어온다. 보건 교사란 직업의 가장 큰 애로사항 중 하나로 생각하면서 그러려니 하고 있다. 이런 상황에서 글 쓰고 책 쓴다는 것은 하늘의 별 따기와 같다.

　글을 쓰기 위해서는 집중하는 시간이 필요하다. A4 2장을 그래도 같은 호흡, 같은 맥락을 유지하면서 쓰는 정도의 시간이 필요한 것이다. 정 그렇게 쓸 상황이 안되는 직장인이라면, 서론, 본론, 결론으로 3부분으로 나누어서라도 쓸 시간이 주어져야 한다. 서론 쓰는 시간, 본론 쓰는 시간, 결론 쓰는 시간, 그렇게 쓸 수 있어야 한다. 서론 쓰다가 다른 일을 하고 본론 쓰다가 학생 처치를 하고 하는 것은 오히려

안 하는 것만 못하다. 그래서 직장에서 아무리 시간이 남는다고 하더라도 글을 쓰고 책을 쓰는 일은 하지 않는 것이 정신건강에도 좋다고 본다. 그래도 굳이 쓰고자 한다면 부작용은 감수해야 한다. 직장 일에 집중 못 하는 것은 당연하고 그 외, 뭔가 빨리해 내야 하는 조급증으로 인해 불안감도 생길 것이다.

다음으로는 사실 불가능한 일에 도전하는 것이다. 직장에서 책을 쓰고 글을 쓰는 것은 사실 불가능하다고 본다. 꿈이 야무지다. 특별실에 있어서 가능하다고 생각할지 모르겠지만, 생각 외로 잘 써지지 않는다. 왜냐하면, 외적 환경만 갖추어졌다고 책 쓰기에 집중할 수 있는 것이 아니다. 마음은 직장 일이 가 있다. 그래서 글 쓰는 환경도 중요하다고 하는 것이다. 불가능한 일에 힘 빼지 말고 직장에서는 책 쓰기는 아예 하지 않는 것이 좋다.

그리고 이것도 저것도 아닌 시간 낭비의 상황이 발생한다. 직장에서 책 쓰기, 도전은 할 수 있다. 하지만, 노력 대비 결과물이 어떨지는 장담하지 못하겠다. 글을 쓰다 보면, 몰입의 체험을 하게 된다. 그 몰입의 체험으로 내면적인 치유도 가능해지는 것이다. 이런 상태가 진정한 책 쓰기의 맛이라고 할 수 있는데, 신경의 한 가닥은 따른 곳에 가 있을 때, 몰입은 지나간다. 한편의 글이란 시각적인 결과물도 좋지만, 책 쓰기에 대한 자신의 만족감이 없다면 시간 낭비라는 생각이 든다. 책 쓰기는 독자를 위해서만 쓰는 것이 아니다. 나 자신을 위해서도 쓴다. 책 쓰는 과정이 진정한 성장의 한 과정이 되어야 하는데, 직장에서 책을 쓴다면 반쪽짜리 효과만 있을 것이다.

자투리 시간에도 가능한 책 쓰기의 일부 영역이 있다. 생각하기와 글감 읽기이다. 책을 직접 쓰는 일이 아닌 책을 쓰기 위해, 필요한 과정의 한 부분이다. 글감을 찾는 과정에서부터 생각하는 것이다. 꼭지 제목을 보고 그 제목의 키워드로 나의 과거나 최근 경험을 찾는다. 그것이 사례이자 글감이다. 이런 과정이 책 쓰기를 위한 생각하기이다. 또한 인터넷 뉴스를 잠깐 읽는다거나, 책을 읽는 것은 생각지도 않게 내가 쓸 꼭지 제목의 글감이 될 수 있다. 의도를 가지고 읽든, 의도치 않고 읽든, 꼭지 제목을 마음에 품고 있다 보면, 이런 횡재도 얻을 수 있다. 직장에서 나에게 주어진 휴식 시간인 점심시간에 이런 일을 하면 된다. 생각하기, 글감 읽기, 이 일을 계속하다 보면, 직장에서의 스트레스도 해소할 수 있는 일이 될 것이다. 무엇이든지 습관이 되기 전까지는 약간의 고통이 따른다는 것을 생각하고 직장에서 생각하기와 글감 찾기 등, 짬 시간에 책 쓰기의 일부 영역을 시도해 보면 한다.

책 쓰기가 직장 생활에 지장이 가면 안 되겠다. 이것이 직장 다니면서 오랫동안 책을 쓰는 방법이다. 직장에서 쓰려고 시도했다가 얻는 것보다 잃는 것이 많을 수 있다는 점 잊으면 안 되겠다. 직장 생활도 익숙해지면 여유시간이 생긴다. 하루하루 반복되는 일이라면 더욱 그렇다. 나름 시스템이 생기는 것이다. 자기 일의 시스템이 안정됨으로써 그 시스템을 더 잘 굴러가도록 휴식 시간도 갖는다. 공식적인 점심시간이 있는 직장인이라면 그 시간을 최대로 활용해서 책 쓰기의 구상을 한다거나 글감을 얻는 시간으로 사용하면 되겠다. 만약, 공식적으로 쉬는 시간이 없는 직장인이라면, 자신만의 휴식 시간을 따로 정해서 활용해야겠다. 그 휴식 시간은 1차로 직장 일을 위한 에너지 보강의 시간이 되어야겠고 2차로는 에너지 충전의 한 목적으로 자신이 좋아하는 시간으로도 짧게 활용해야겠다. 그래서 직접 쓰는 일이 아닌, 쓰는 데 필요한 준비를 하는 것이다. 1꼭지 쓰기 위해 구상하고 글감을 찾는 일. 직장에서 무리하지 말고 이렇게 책 쓰기를 한다면, 직장 다니면서도 계속 출간하고 주변에 좋은 영향력을 미칠 수 있을 것이다. 직장인의 책 쓰기, 자신뿐 아니라 주변 모든 사람에게 책 쓰기를 전염시키는 귀한 일이 될 수 있기를 바란다.

책 쓰기도 습관이다

'1꼭지 쓰기를 습관으로 만들자' 결론 다시 확인하기

두 번째 책을 쓰면서 나는 다짐했다. 인생 첫 책을 쓸 때는 그저 책 쓰는 방법을 배우기에 바빴었다. 반백 년을 살았지만, 처음 경험하는 책 쓰기. 타고난 재능으로 쓰는 것이 아닌 책 쓰기, 그래서 더욱 열심히 썼던 것 같다. 필사하고, 인생 첫 책을 쓴 다른 작가의 책을 읽고 나름 분석도 했다. '아~ 이 정도 쓰면 책이 되는구나.', '나도 노력하면 이 정도는 쓸 수 있겠어.'라며 때론 근거 없는 자신감을 가지기도 했다. 지나고 나니, 머리로 아는 것과 막상 내가 행동하는 것은 하늘과 땅 차이라는 것을 깨달았다. 남들이 한 것을 평가하기는 쉬웠다. "아구, 이 정도로 밖에 못써나?", "나라도 쓰겠다. 맞춤법도 틀리고, 너무 뻔한 내용이잖아. 읽기에 시간 낭비다." 이런 자만심이 있었지만, 막상 쓰려고 하니 생각대로 잘되지 않았다. 하루 대부분 시간을 어떻게 하면 잘 쓸 수 있을까를 생각하면서 책 쓰는 방법을 익히려 했다.

인생 첫 책을 쓰고 책 쓰는 방법에 감을 조금 잡고서는 다음 목표가 생겼다. 책 쓰기의 핵심은 역시 꼭지 글쓰기이다. 꼭지 글, 즉 A4 2장이 모여서 1권의 책이 되는 것이다. 그래서 매일 1꼭지 쓰기를 하자고 결심했다. 그래야 습관이 되고 책 쓰는 습관이 형성되면 나는 평생 책 쓰는 진짜 작가가 될 수 있다고 여겼기 때문이다. 매일 썼다. 기분이 좋아도 쓰고 기분이 우울해도 쓰고 집안 식구들 때문에 도저히 쓸 수 없는 상황이 되어도 썼다. 시간이 없더라도 어찌하였던 시간을 만들어서 쓰려고 했다. 1꼭지 쓰기의 내용에는 집착하지 않았다. 별 내용이 없는 시시한 글이라도 개의치 않았다. 1꼭지 쓰는 나의 행동, 완성된 1꼭지 글을 내 눈으로 확인하는 것에 가치를 두었다. 어떤 날은 1꼭지 쓰고 어떤 날은 1꼭지를 못 쓰고 들쑥날쑥하디라도 포기하지 않고 계속 쓰려 노력했다. 포기하는 순간 습관 형성이 실패하기 때문에 되는 날도 있고 안되는 날도 있는 것에 크게 신경 쓰지 않고 썼다.

그렇다 보니, 1꼭지 글쓰기를 완성한 날은 기분이 좋았고 그렇지 못한 날은 우울했다. 목표한 바를 달성한 자릿함을 나는 이 1꼭지 쓰기로 인해 매일 느꼈다. 1꼭지 쓰게 되면 그렇게 기분이 좋을 수가 없었다. "남들이 이것도 글이냐?"라고 설사 말할지라도 나에게 그것이 중요하지 않았다. 1꼭지 쓰기 습관을 들이는 것이 나의 목표였기에 그런 것들은 중요하지 않았다. 그래서 1꼭지 쓰기 완성이 그날의 기분을 좌우할 정도로 쓰고 나면 그렇게 기분이 좋았다. 다른 일도 더욱 활기차게 했다. 매일매일은 못 쓰지만, 나의 여건에 맞추어 주말이라도 꼭 1꼭지씩 쓰자고 전략을 바꾸었고 그것을 위해 지금도 노력 중이다.

책 쓰기를 습관으로 만들어야 하는 이유는 무엇일까? 과학자들의 연구에 따르면 우리 뇌가 활동을 절약할 방법을 끊임없이 찾기 위해 어떤 자극도 주지 않고 가만히 내버려두면 뇌는 일상적으로 반복하는 거의 모든 일을 무차별적으로 습관으로 전환하려고 한다고 한다. 쉽게 반복하는 일들은 아주 자연스럽게 습관이 되는 것이다. 나는 복직 후, 아침마다 전쟁이었다. 남편은 일찍 출근했고 그 뒤의 일은 모두 나의 일이 되었다. 아이들 깨워서 먹이고 입히고 챙겨서 집 현관을 나서는 그 과정이 숨 가쁘게 진행되었다. 한 달 두 달 시간이 지나면서 그나마 안정이 되는 듯하다. 하는 일은 그대로인데, 하는 중간중간 덜 힘들어졌다. 뇌를 덜 사용해도 기계적으로 몸이 움직인 덕분이다. 매일 하는 일이기에 뇌의 활동을 줄이고도 나는 아이들과 함께 출근할 수 있게 되었다. 책 쓰기도 습관으로 만든다면, 이런 에너지 소모를 줄이고 얼마든지 할 수 있다.

　보통 사람들은 책 쓰기를 특별한 사람만이 하는 것이라고 여긴다. 그래서 책 쓰기를 시도조차 하려 하지 않는다. 마음은 있을지 모르겠지만 행동으로 옮기지 못하는 것이 책을 못 쓰는 사람들의 일반적인 특징이다. 책 쓰기, 쉽게 말해서 어렵게 생각한다. 어려운 이런 책 쓰기도 우리가 습관으로만 만들 수 있다면 책 쓰기는 세상에서 가장 만만한 일이고 쉬운 일이 될 수 있다. 코로나19 팬데믹 상황에서 예방접종은 코로나19를 끝낼 수 있는 무기로 여겼다. 과학자들이 앞다투어 예방 주사약을 만들었다. 예방접종후의 부작용에 우려의 목소리가 높지만, 그래도 인간들의 대응력에 감탄을 절로 났다. 예방접종의 빠른 제조가 쉽지 않았을 것이다. 어려운 일이었다. 하지만 코로나19 바이러스가 출현한 이후 면역학자들은 꾸준히 예방 주사약을 만들어 왔다. 습관처럼 매일 하다 보니, 결국 목표한 예방 주사약을 만들어 낸 것이다. 이것이 세상을 구할지, 말지는 좀 더 지켜볼 만하지만, 세상의 흔든 코로나19에 대응할 무기 하나가 생긴 것이다. 이런 어려운 일들도 연구하고 시도하는 매일의 시간이 쌓여서 가능했다. 그에 비하면 책 쓰기는 할만하다. 어렵게 느껴지더라도 생각을 바꾸고 도전해서 일상으로 만든다면 가능한 것이다.

　책 쓰기는 인생을 바꿀 핵심 습관이 될 수 있다. 내가 책 쓰기를 경험한 바로는 그렇다. 책 쓰기가 삶을 바꿀 '핵심 습관'이 되는 이유는 책 쓰는 삶으로 인해 많은 긍정적인 변화가 생기기 때문이다. 사고방식, 삶을 살아가는 라이프 스타일, 기타 등, 삶 전체가 긍정적인 변화를 겪고 있다. 그래서 시간이 부족한 직장인들이 더욱 놓치지 않고 해야 할 일이 바로 책 쓰기라고 나는 생각한다. 직장인들은 직장 일만 하기에도 시간이 부족하고 지치고 여유가 없다. 다른 것을 생각할 겨를이 없다. 그렇기에 조금씩이라도 삶을 바꿀 핵심 습관인 책 쓰기를 행동으로 옮겨보기를 권한다. 쫓아가는 삶에서 주도하는 삶이 될 것이다.

직장인이 책 쓰기를 습관으로 만들기 위해 전략이 필요하다. 왜냐하면 시간이 넉넉하지 않기 때문이다. 해야 할 일은 많고, 시간은 부족하고 그렇다면, 우리가 할 수 있는 것이 일의 우선순위를 정하는 것이다. 책 쓰기를 우선순위 앞쪽에 넣어두는 것이다. 독서 못 하는 사람의 경우 대부분, 시간의 문제가 아니라 우선순위에서 독서가 뒤로 밀렸기 때문이다. 해도 그만 안 해도 그만이라고 독서를 생각하는 것이다. 그것처럼, 책 쓰기도 그럴 수 있고, 오히려 독서보다 책 쓰기를 더 뒤로 미룰 수 있다. 책 쓰기의 핵심인 1꼭지 쓰기를 주중 1~2꼭지 정도 도전하고 주말 시간에 2꼭지 쓰기를 시도하면 좋은데, 그것이 힘든 것이다. 자전거 배우듯이, 수영 배우듯이, 책 쓰고 글 쓰는 것도 몸으로 익혀야 하기에 무조건 써야 한다. 정해진 계획대로, 매일 생각하고 쓰고 1주에 2~3꼭지씩 결과물도 만들어낸다면 책 쓰기도 습관이 형성될 것이다. 단, 자신의 페이스대로 계획한 바를 조금씩이라도 매일 해야 한다는 점은 잊으면 안 되겠다.

책 쓰기를 습관으로 만들어라. 직장인들이 책 쓰기를 시작하기 꺼리는 이유는 책 쓰기를 어렵게 생각하기 때문이다. 그 어떤 일도 처음 하는 일은 다 어렵다. 그래서 책 쓰기는 더 그렇게 느껴질 것이다. 아무리 어려운 일도 매일 하게 된다면 뇌는 기특하게도 그것에 대한 뉴런을 형성한다. 우리의 뇌를 믿고 책 쓰기 시작해 보아야 한다. 습관이 들면, 쉬운 일도 어려운 일도 에너지 소모 없이 행동으로 옮길 수 있듯이, 책 쓰기도 습관으로 만들어두어야 한다. 그렇게 된다면, 책 쓰기는 나에게 어렵지도, 그렇게 특별하지 않은 밥 먹고 그저 양치하는 것과 같은 일상이 된다. 독서가 습관이 답이듯이, 책 쓰기 또한 독서하는 것과 같은 습관이 답이다. 책 쓰기, 습관 형성이 관건이란 점 다시 한번 더 마음에 새겨보자.

책 쓰는 습관만 들이면 출간은 그리 어렵지 않다

코로나 당시, 나는 점핑 운동을 했었다. 처음 점핑 운동을 다니기 시작한 것은 휴직 중이었다. 점핌 장을 나가기 전, 운동을 거의 하지 않고 바쁘게만 살았었는데 건강이 그래도 최고라는 깨달음이 어느 순간 찾아왔다. 특히, 운동해야 건강을 유지할 수 있는 나이가 되다 보니 이래저래 어떤 운동할 것인지 찾았었다. 그러다가 인스타그램에서 우연히 대학 동기의 점핑 사랑에 관한 글을 접하게 됐다. 동기는 몰라보게 예뻐졌다. 30년 가까이 지났는데도 대학 때의 모습 그대로인 것처럼 보였다. 동기의 운동하는 모습과 식단 조절, 먹는 다양한 차들에 관해서 글을 읽고 내가 사는 곳의 점핑 장을 찾았고 대학 동기처럼 나도 점핑 운동을 시작하게 되었다.

　점핑하면 아이들이 좋아하는 방방 뛰는 놀이쯤 생각했었다. 하지만 운동량이 장난 아니었다. 점핑은 신나는 음악에 맞추어 화면에 나오는 영상의 강사님을 따라 빠르게 움직이는 운동으로 30분만 뛰어도 그야말로 땀이 비 오듯 했다. 점핑하고 난 뒤 다리 근육이 몰라보게 발달하고 좋아졌다. 점핑하기 전에는 낮은 산을 올라도 헉헉거렸었는데 점핑 후 가파른 산도 전혀 숨이 차지 않았다. 땀이 주룩주룩 나서 운동 후 상쾌함이 최고라고 생각했었는데, 다리 근육까지 좋아지니 만족감이 컸다. 한창 다닐 때는 매일 점핑 장을 찾다시피 했다. 그러다가 코로나19 팬데믹이 터지면서 점핑 장에서도 코로나19의 타격으로 문을 닫는 일이 생겼다. 이제는 가고 싶어도 갈 수 없는 상황이 되었다. 그런데도 비주기적으로나마 운동을 했지만 결국, 점핑을 잊고 운동과는 담을 쌓고 살게 되었다.

　코로나 상황이 해제되어 점핑 장을 갈 수 있지만, 여전히 가지 않고 있다. 이제는 나 스스로 안 가고 있다. 잠시 쉬었다가 다시 출근하게 되었고, 퇴근하면 이것저것 할 일도 많았다. 몸도 마음도 지쳐있어, 운동을 한다는 것이 버거워졌다. 사실, 이런 때일수록 운동해야 한다. 머리로는 잘 알고 있다. 그렇게 좋아했던 점핑장, 땀을 많이 흘리고 상쾌감이 최고인 점핑 운동의 가치를 잊어버렸다. 한창 할 때 습관이 되었지만, 그 습관을 유지하지 못하고 운동 안 하던 생활 방식으로 되돌아갔다. 그러다가 오랜만에 한번 가고는 다시 그 좋은 기억을 떠올렸다. 하지만, 몸이 잘 따르지 않는다. 오래간만에 가서 땀 흘려 운동하고 나서 나는 이제 열심히 점핑 운동하자 마음먹었지만 1주일이 지난 지금까지 운동을 하지 않고 있다. 계속, 운동했다면 몸도 더욱 건강해졌을 것이고 삶의 활력도 유지했을 텐데 아쉬움이 남는다. 좋은 습관을 들이는 것도 중요하고 습관을 잘 유지하는 것은 더 중요하다는 것을 새삼 느꼈다.

점핑 운동은 습관을 잘 유지하지 못했지만 한 가지 잘 유지하는 좋은 습관이 나에게 있다. 그것은 바로 책 쓰기이다. 직장에 복직하면서 가장 고민하였던 것이 책 쓰기였다. '직장을 다니면서도 책 쓰기를 여전히 할 수 있을까?' 직장을 다니면, 아무래도 할 일이 많아지고 정신이 분산되기 때문에 책 쓰기에 당연히 부정적인 영향을 미칠 것으로 생각했다. 그래도 세상일은 자신의 의식이 중요한 것이니 하고자 하는 마음만 있다면, 아무리 열악한 환경에서도 책은 쓸 수 있을 것이라 단단히 마음먹었다.

그런 생각들을 가슴에 품고 직장생활하고 있으며 책 쓰기를 위한 글쓰기를 매일 하고 있다. 매일 조금씩이라도 하는 것이 중요하다. 행동한다는 것은 그것을 계속 마음에 품고 있다는 것이고 마음에 존재

하는 것이기에 결국, 쓰게 되고 작게나마 결과물은 계속 나오게 된다.

책 쓰기도 습관 만들기가 관건이라고 말했다. 습관만 된다면, 책 1권 쓰는 것이 그리 오랜 시간이 걸리지 않는다. 2018년 이후 꾸준히 책을 써온 나는 습관 형성 과정 중에도 아래와 같은 변화를 경험했다. 그 경험을 정리해 보면 다음과 같다.

첫째, 1꼭지 쓰면 기분이 그렇게 좋을 수 없다.

이 부분은 다른 사람은 이해하지 못할 것이다. 1꼭지 글을 썼다고 무슨 기분이 그렇게 좋냐고 질문을 할 수 있다. 하지만, 기분이 좋은 그런 현상은 1꼭지의 가치를 잘 알기에 나타나는 심리적 반응이다. 1꼭지, 1꼭지 글을 써냄으로써 나의 글쓰기 기술은 더욱 좋아지고 출간도 될 수 있다는 사실, 그것을 머리가 아닌 몸으로 느꼈기에 몸이 반응하고 그 영향으로 머리로도 느끼는 것이다.

두 번째, 삶의 중심이 읽고 쓰기가 되었다.

습관이 된 것은 에너지가 많이 소모되지 않으면서 매일 할 수 있다. 그래서 습관이 운명을 바꾼다고 한다. 책 쓰기가 습관이 되면, 덜 의식적이라도 책 쓰기를 하게 된다. 책 쓰기는 곧 읽음이 따라오는 행동이기에 이 2가지가 동시에 매일 일어난다. 쓰고 읽는 것은 단체운동이 협동심과 배려심을 얻게 하고 혼자 하는 운동은 독립심과 인내심을 몸에 습득하는 것과 같이 한 몸이다. 읽고 쓰는 것보다 쓰고 읽는 것의 간격이 더 가깝다. 습관이 된 책 쓰기, 책 읽기가 오히려 나의 삶을 이끄는 중심이 된다.

세 번째, 1년에 3권 출간했다.

매일 책 쓰기를 위한 1꼭지 글을 쓰면 1년에 3권 출간도 가능하다. 2019년 나는 필리핀 세부 생활을 하면서 그 해에 3권을 출간했다. 그 책이 《새벽 시크릿》, 《포스팅 독서법》, 《유학원 거치지 않고 세부살이, 좌충우돌 정착 이야기》이다. 한해에 3권 출간하니까 그 이후에도 다작이 자연스러운 일이 되었다. 또한 3권의 동시 출간으로 새로운 나의 책 쓰기 패턴을 만든 계기가 되었다. 그 이후, 1년에 3권 출간은 그리 어렵게 느껴지지 않았다. 한번 해 봤기 때문에 이제는 특별하지 않고 충분히 가능한 일로 여기게 되었다. 꾸준히 책 쓰기를 습관으로 만들면 된다. 글 쓸 환경이 아니더라도 우선순위를 두고 매일 쓰면 습관이 되고, 습관이 되면, 1년에 3권도 쓸 수 있다.

네 번째, 완성된 초고도 여러 개 보유하고 있다.

매일 쓰는 것이 습관이 되다 보니 완성한 초고가 많아진다. 잘 썼든 못 썼든 그것은 중요하지 않다. 모든 초고는 쓰레기라는 말이 있다. 그 쓰레기가 다듬어져서 그 누군가에게 삶을 살아가는 이유가 되고 새로운 것을 도전할 수 있는 촉발 요인이 되는 것이다. 결국, 완성된 초고는 나비로 부활하는 애벌레와 같은 존재이다. 책을 못 쓰는 이유가 쓰레기 같은 초고일지언정 그 초고가 없어서 출간을 못 하는 이유가 대부분이다. 완성 초고 보유하고 있다는 자체가 든든하다. 언제든지 고치고 고치기만 하면 출간이 가능하다는 든든함, 친정어머님이 집안에 구매한 쌀가마니만 있으면 마음이 든든하다고 했었는데, 나는 초고 부자가 되면 든든하다.

책 쓰기를 습관으로 만들려는 나만의 이유를 명확하게 만들어 보자. 책 쓰기를 통해서 꾸준한 성장을 보장받는다. 책 쓰기를 습관 들이려는 이유의 전부이다. 습관이 인생을 결정한다고 했다. 좋은 습관 하나로 긍정적인 인생, 원하는 인생을 살 수 있다. 비록, 책 쓰기가 버겁게 느껴질지라도 책 쓰기가 곧 성장이라는 공식을 잊지 않는다면 매일 책 쓰기를 습관 들이는 시간을 가지게 될 것이다. 더군다나 책 쓰기 습관으로 가시적인 긍정적 효과를 확인하게 된다면, 그 습관은 더욱 공고해진다. 사실 좋은 습관도 한두 번 빠지다 보면 흔들리게 된다. 하지만, 꾸준하게 실천한다면, 출간이란 결과물과 함께 단단한 습관으로 평생 책 쓰는 삶을 살게 되는 것이다. 직장은 언젠가는 그만두겠지만 책 쓰는 인생은 쭉 이어진다. 책 쓰기도 습관이 관건이란 것 기억하자.

제4장
직장인의 책 쓰기 7가지 핵심 비법

책 쓰기는 선택이 아니라 필수로 여겨라

유난히, 어떤 일에 집착하는 사람이 있다. 남들이 봤을 때 '저렇게까지 해야 하나?'라고 생각하게 한다. 나 자신을 포함해서 가까운 식구 중에도 그런 집착 행동을 하는 경우를 쉽게 볼 수 있다. 남편은 국물을 잘 먹지 않는다. 그 이유는 어렵게 뺀 체중을 잘 유지하기 위해서라고 한다. 하지만, 내가 봤을 때 도가 지나친 것처럼 느껴진다. 어제는 다음날 공휴일이기도 해서 외식을 했다. "무엇을 먹을까?"라고 이야기하던 중에 최근 아주 맛나게 먹었던 순두부찌개 식당을 생각하게 되었다. 중학생 아들은 그때 처음으로 순두부찌개를 먹었는데 맛나다고 두고두고 이야기했었다. 그 식당은 순두부찌개만 전문으로 하는 곳으로 순두부찌개 종류가 다양하고 이색적이었다. 아들이 먹은 순두부찌개는 소 곱창 순두부찌개, 나는 간판 이름을 딴 오리지널 순두부찌개, 남편은 청국장 순두부찌개로 주문했다. 이렇게 많은 종류의 순두부찌개가 있다는 것을 그 집을 통해서 처음 알게 되었다. 역시 어제저녁도 그 집을 재방문했다. 이번에는 딸까지 함께였다. 딸은 햄 치즈 순두부찌개로 주문했고 다른 식구들은 저번과 같은 순두부찌개로 각자 시켰다. 맛나게 먹고 있는데 남편은 건더기만 싹 건져 밥에 얹었다. 그 맛난 국물은 그대로 남겼다. 갑자기 마음이 불편해졌다. 그렇게 맛난 순두부찌개를 국물만 빼고 먹는다는 것은 돈을 떠나서 예의가 아니라는 생각이 들었다. 살 빼고 체중 유지하는 것도 좋지만, 찌개를 먹으면서 국물을 안 먹는 것이 식사 예절에 맞나? 하는 생각이 들 정도로 보기에 좋지 않았다. 음식을 깔끔하게 다 먹어야지 건더기만 먹고 국물은 그대로 남기면 아이들에게도 교육적이지 않다고 쓴소리를 했다. 무뚝뚝한 남편은 그래도 자신의 소신대로 말없이 국물을 그대로 남겼다. 한편으로 생각했다. '정말 이해할 수 없는 행동이지만, 나름 저렇게 해야 하는 절실함이 있겠지.'라고 이해해 보려고 했다.

남편의 이런 강박행동은 내가 아침 시간에 대해 특별하게 생각하는 것과 비슷하다. 아침 시간을 나는 무조건 사수하려고 한다. 이른 아침이나 새벽 시간에는 사방이 조용하고 잠에서 금방 깨어나서 개운한 상태이다. 이 시간대는 아주 특별하다. 그래서 나는 내 인생 가장 중요한 일을 이 시간대에 해야 한다고 생각한다. 이 시간대에는 무슨 일을 하든지 집중도 있게 할 수 있다. 어떤 일을 해도 가장 효과적인 결과가 도출되는 시간이다. 그래서 고민스러운 문제가 있다거나 머리를 많이 써야 하는 일이든가 인생 중요한 결단을 내려야 할 때, 이 시간대를 활용한다. 새로운 아이디어가 많이 튀어나오기 때문에 낮에는 생각해 보지 못한 해법들을 발견하게 된다. 그리고 읽고 쓸 때도 남다른 느낌이 든다. 5분을 읽어도 깊이 읽게 되고 30분을 쓰더라도 일관된 글쓰기가 된다. 아마도 이 시간대에 가지는 정신과 몸의 상태와 연관이 있다고 본다. 잠재의식이 발동하고 개운한 몸의 상태이기에 이른 아침 시간을 꼭 활용하게 된다. 남들보다 다른 삶을 살고 싶은 나에게 새벽 기상과 새벽 시간 활용은 선택이 아니라 필수가 되었다.

책을 쓰기 전에는 쓰면 좋고 못써도 어쩔 수 없다고 생각했다. 왜냐하면 나는 글쓰기에 자신이 없고, 글 쓰는 것은 나의 재능이 아니라고 여겼다. 그렇기에 굳이 글까지 써야겠냐고? 글쓰기에 대해 부정적이었다. 하지만, 이 지점에서 자신에게 질문해보아야 했다.

"언제 글쓰기 제대로 해봤나?"

"제대로 써보고 자신의 글쓰기 능력을 단정하는 건가?"

아닐 것이다. 우리는 제대로 써보지 않았다. 짧은 글은 수시로 쓰고 살지만, 긴 글은 제대로 써보지 않았다. 짧은 글은 사실 지겹도록 쓴다. 메시지로 주고받는 횟수를 하루에 따져보면 꽤 많을 것이다. 자연스럽게 글과 친숙한 생활을 하고 있다. 직장에서 계획서 작성, 계획서 시행을 위한 직원들에게 다소 긴 메시지 작성 및 전달, 이런 일들을 수없이 하고 있다. 하지만, A4 2장에 제 생각과 주장을 적는 글은 써볼 기회가 거의 없었다. 그래서 글쓰기에 자신감이 없었다. 일단, A4 2장을 어떤 식으로든 써봐야 한다. 긴 글을 자주 써보고 한다면, 책 쓰기에 관한 생각이 180도 달라질 것이라고 확신한다. 왜냐하면, 나 자신도 그런 과정을 통해서 책도 쓰고 생각도 바뀌었다. 많은 작가도 또한 책 쓰기를 강조하고 있다. 그만큼 책 쓰기가 삶에 긍정적인 영향을 주고 있기 때문일 것이다. 책 쓰기를 이제는 선택 영역이라고 생각하면 안 된다. 책 쓰기의 가치를 알고 모르고가 삶을 다르게 살게 한다. 진정, 원하는 삶을 위한다면 책 쓰기는 이제 필수영역이라고 여기길 바란다.

책 쓰기, 꼭 해야 할 필수영역이라고 생각을 바꾸는 순간에 변화가 일어난다. 책을 못 쓰는 것을 당연하게 생각했다면 이제 바꾸어야 한다. 남편이 체중 유지를 위해 마누라의 온갖 잔소리에도 불구하고 국물 거부 행동을 유지하는 것처럼, 나의 새벽 기상 및 새벽 시간 활용의 강박처럼 이것만은 꼭 해야 한다는 사고를 책 쓰기에도 그대로 적용해야 한다.

 책 쓰기를 필수영역이라고 받아들인다면, 우선은 책 쓰기를 시도하게 될 것이다. 우리의 행동은 생각을 통해서 시작한다. 의식적으로 어떤 일을 생각하지 않는다면 행동도 일어나지 않는다. 책 쓰기에 관한 생각이 단호해진다면 행동이 일어나는 것은 당연하다. 책을 쓰는 도전의 행동은 사람마다 다르다. 나의 경우는 본격적인 독서 1년 뒤 책 쓰기를 도전했다. 또 다른 어떤 사람은 책 쓰기를 생각하고 바로 실천으로 옮기는 사람도 있다. 시간의 차이는 분명 사람마다 있지만, 책 쓰기에 대한 열망이 강할수록 행동으로 옮겨지는 시간은 짧아진다. 나는 책 쓰기를 결심하고 가장 먼저 한 행동이 '책 쓰기' 주제로 쓴 책을 찾아 읽는 것이었다. 그 당시, 책 쓰기 주제 책이 많다는 사실에 새삼 놀랬다. 이미 많은 사람은 책 쓰기에 관심이 있었다. 내가 새벽 기상을 위해 새벽 수영장을 찾았을 때, 새벽에 일어나는 부지런한 사람이 많았다는 사실에 놀랐듯이, 수도 없이 출간된 '책 쓰기'에 관한 책을 보고 또 한 번 놀랬다. '책 쓰기' 주제의 책은 그야말로 이론적인 부분이다. 내가 '책 쓰기' 책을 읽고 난 뒤 다음으로 한 것이 필사였다. 아무리 머리로 책 쓰기를 안다고 하더라도 실제 쓰지 않으면 출간할 수가 없다. 글을 쓰기 위해 가장 먼저 하면 좋은 것이 남의 글을 따라 쓰는 것이다. 긴 글을 처음부터 혼자 쓰기는 어려우므로 필사한다면, 부담 없이 긴 글을 쓸 수 있다. 자판으로 두드리면서 '아~ 이렇게 쓰는구나!' 느끼면서 쓰면 된다. 남의 글을 베껴서 자판 치는 것이 무의미하다고 생각할지 모르겠지만 절대 그렇지 않다. 해보면 금방 알게 된다. 필사의 중요성이 여기에 있다. 직접 경험해보면 인생 첫 책을 쓰는 사람, 직장 생활로 시간적 여유가 없어 인생 첫 책 쓰기 진도가 잘 안 나가는 사람에게 필사만큼 좋은 것도 없다. 초고를 쓰다가 머리가 복잡해도 필사하면 도움이 된다.

책 쓰기는 내 인생에 필수영역이란 생각으로 매일 쓰다 보면 결국 출간도 하게 된다. 생각하나 바꿨을 뿐인데, 책을 출간한다. 말투 하나 바꿨을 뿐인데 운명이 바뀐 것과 비슷하다. 사실 책 쓰기도 이런 의식의 차원이 중요하다고 할 수 있다. 모든 일이 마찬가지이지만, 자신이 그 주제에 대해서 어떻게 하느냐에 따라 엄청나게 큰 차이를 만든다. 책 쓰기도 나에게 필수사항이다, 인생에서 내가 꼭 해야 할 과업이라고 여긴다면, 결국 당신의 이름이 적힌 책은 출간이 된다. 필사하면서 매일 글을 쓰는 사람이기에 출간은 자연스러운 결과가 되는 것이다.

직장인에게 책 쓰기는 필수영역이라고 강조한다. 책 쓰기의 실체를 제대로 안다면, 직장인일수록 책 쓰기가 필요하다고 인지하게 될 것이다. 수많은 '책 쓰기' 주제의 책이 있지만, 내가 실제 경험하지 않았기에 추상적으로만 느끼고 실감이 없다. 그 책에서 아무리 책 쓰기의 가치를 명확하게 적어놓아도 남의 일처럼 느껴진다. 하지만 책 쓰기를 선택이 아닌 꼭 해야 할 필수영역이라 생각하는 순간, 변화는 조금씩 조금씩 일어난다. 무엇인가를 쓰게 되는데, 처음부터 쓰기가 어렵다면 필사부터 시작하면 된다. 남의 글이든, 내 글이든, 쓰면 글쓰기도 책 쓰기도 좋아지고 결국에는 초고 완성, 퇴고 완성, 계약 성공, 출간까지 가게 되는 것이다. 직장인에게 책 쓰기, 이제 선택이 아니라 필수임을 인정하자. 그렇게 인정함으로써 책 쓰기는 나의 삶으로 들어오게 될 것이다.

서론-본론-결론 쓰기를 익혀라

긴 글을 쓸 때는 나누어서 써야 한다. 단숨에 쓸 수 있는 것은 한계가 있다. 그냥 쓰면 반장에서 한 장까지만 쓰면 그다음에 쓸 말이 없어진다. 이것은 나누지 않고 머리에 떠오르는 대로 쓰고 싶은 말만 썼기 때문이다. 그래서 보통 사람은 2장을 못 채운다고 이야기한다. 당연하다. 나누지 않았기 때문에 2장 채우기가 어려운 것이다. 나눌 때, 가장 좋은 방법이 우리가 너무나도 친숙한 서론-본론-결론 방식이다. 많이들 알고 있는 방법이라, 쉬울 것으로 생각할 수 있겠지만, 막상 활용하려 하면 생각만큼 쉽지 않다. 몸에 익지 않아서인데 평상시 이 방법을 연습해서 글쓰기에 활용해야겠다.

어떤 사람과 대화할 때, 가끔 답답하게 느낄 때가 있다. 그 답답함은 이야기에 맥락이 없을 때이다. 뜬금없이 툭 뱉는 듯한 맥락 없는 말들, 이것처럼 대화의 단절을 느끼게 하는 것도 없을 것 같다. 남편은 가끔 이런 맥락 없는 말을 한다. 하루는 식당에서 함께 밥을 먹었는데, 아이들과 한참 집 공부에 관한 이야기를 했었다.

"집에 오면 피곤하겠지만, 책 읽고 타자 연습하자."

"타자는 중학생이 되면 과제 할 때 필요한 거야. 타자를 못 치는 사람은 과제 할 때, 시간이 오래 걸리고 어려워 더 피곤해진다."

"어제 만난 후배가 멕시코에서 잠깐 들어왔는데, 그곳 교민회장이래."

아이들의 집 공부에 대한 당부의 대화 마지막에 남편은 후배가 멕시코 회장이란 말을 했다. 아빠로서, "그래, 집 공부 열심히 해라", "조금씩 공부하는 것이 나중에는 도움이 많이 된다." 기타 등, 아빠로서 보탤 말은 많다. 그런데, 그런 말들은 생략하고 불현듯 후배 이야기를 한 것이다. 아이들은 아빠 얼굴을 보고 나는 순간 황당했다. 그렇게 말하는 의도가 무엇일까? 그냥 생각나서 분위기 무시하고 본인이 하고 싶은 말을 한 것인지, 특별한 의미를 두고 한 이야기인지, 도무지 알 수가 없다. 이 상황은 대화의 상황이라 조금 다른 부분은 있지만, 예를 들어, 글이라고 했을 때, 이렇게 맥락 없이 쓴다면 독자 관점에서 혼란스러워질 것이다. 한 가지 주제로 쭉 이어나갈 수 있어야 하고 긴 글이라면, 같은 맥락으로 서론, 본론, 결론으로 나누어 쓰는 것이 필요하겠다.

서론-본론-결론 말이 쉽지, 이것도 그렇게 쓰는 연습이 필요하다. 그래도 명색이 글 쓰는 엄마인 나는 아이들에게도 글 쓰는 것에 대해서 조금씩 가르치고 있다. 아이들 아직 어려서 서론-본론-결론이라는 표현 대신에 1, 2, 3이라고 표현한다.

"글 쓸 때 1, 2, 3으로 쓰면 돼."

"네가 어떤 장난감을 사고 싶을 때, 1은 엄마 나 이것 사고 싶어, 2는 왜냐하면 다른 아이들도 다 가지고 있고 나도 갖고 싶어, 3은 엄마 이것 사주면 안 될까? 라고 말하는 거야."

장난감 예를 들어서 설명하니, 아이들은 이해하는 듯했다. 그리고 평상시 연습을 시켰다. 말로도 글로도 1, 2, 3 방법을 사용하게 했다. 아이들을 봤을 때, 1을 가장 어려워하는 것 같았다. 내 경우에도 첫 문장을 어떻게 시작하느냐에서 생각을 많이 하게 되는데, 아이들도 역시 마찬가지였다. 1이 정해지면, 2는 그것과 연관해서 쓰거나 말하면 되니까 좀 쉽게 나오고 3은 1에서 한 표현을 표현만 다르고 의미는 같게 한 번 더 말하면 되는 것이니까 그것 또한 연이어 말하기가 수월하다. 서론, 본론, 결론, 쓰는 원리와 같았다. 매일 간단한 3문장으로 1, 2, 3 즉 서론-본론-결론을 연습하게 하니, 아이들은 한마디만 하고 엄마가 모든 것을 알아서 이해하기를 바라는 그런 태도는 많이 줄어들었다. 역시, 방법을 알고 그 방법을 활용하는 것이 중요하다고 생각했다.

직장인에게도 서론-본론-결론 쓰기의 연습이 필요하다. 익히 알고는 있지만, 알고 있는 것과 막상 쓰는 것은 차이가 있다. 보통 사람들은 남들이 써놓은 글에 대해서 평가하기는 쉽다. '이 책은 내용이 뻔해, 끝까지 안 읽어봐도 무슨 이야기를 할 것인지 알 것 같아, 시간이 아까워,' 라는 평을 할 때도 있다. 사실, 나도 마찬가지였다. 글뿐 아니라 다른 부분에서도 남의 일이라고 쉽게 평가할 때가 있었다. 가만히 돌이켜 보면, 그렇게 저가 평가하는 이유는 그 분야에 대해서 잘 모르고 경험이 없기 때문일 수도 있다. 특히, 책에 대한 평가는 조심스럽게 해야 한다고 생각한다. 어찌하였든, 일단, 나도 글쓰기에 있어서 서론-본론-결론에 맞추어 A4 2장을 써보는 것이 중요한 듯하다. 써보면 A4 2장 채우기 위해서 이 방법의 연습이 더욱 필요하다고 생각하게 된다.

서론-본론-결론 쓰기는 이론상 다 알고 있다. 직장인이라면, 연습만이 필요한 단계라고 할 수 있겠다. 그래도 간단히 어떻게 써야 하는지 다시 확인해 보자면, 우선, 서론은 긴 글의 앞부분으로서 서론 뒤에 나오는 본론을 위한 부분이라고 생각하자. 우리가 누군가를 만나서 이야기하고 싶다면, 결국 내가 하고 싶은 말이 있을 것이다. 하고 싶은 말이 본론에 해당한다. 글도 이 본론을 쓰기 위함이라고 생각하자. 본론을 위해 서론은 호기심을 유발할 수 있으면서 너무 읽기에 부담되지 않는 일상적인 나의 일화나 간단한 사례로 시작하면 좋다. 그리고 본론 부분, 내가 말하고 싶은 근거를 적어주어야 한다. 일반적인 근거로는 내가 말하고자 하는 그것에 대한 이유, 사례이다. 사례 2개 정도 적어주고 사례 문단 밑에는 친절하게 그 의미, 메시지를 연이어 넣어준다. 사례 수에 따라 문단 수는 늘어나고 글의 길이는 길어진다. 마지막 결론 부분에서는 나의 핵심 메시지를 다시 한번 여운이 남도록 적어준다. 서론-본론-결론 쓰기는 간단히 1문단으로 방법에 관한 이야기가 끝난다. 연습이 필요하다. 익히는 연습, 내 것으로 만드는 훈련이 필요할 뿐이다. 수영을 배우듯, 자전거를 배우듯, 서론-본론-결론도 몸에 익히는 일만 남았다.

　익히는 방법으로 간단히 할 수 있는 방법 2가지는 말하기와 필사하기이다. 말이나 글이나 머릿속 사고를 통해서 밖으로 표현하게 된다. 그 근원은 같은 것이다. 사고방식을 제대로 훈련한다면, 그 사고의 표현인 말과 글도 변화된다. 서론-본론-결론에 맞추어 쓰는 사고방식을 익히기 위해, 말하는 것부터 그렇게 연습한다. 글을 쓰듯, 그 원칙대로 서론-본론-결론 식으로 말하는 연습을 하면 도움이 된다. 또 하나는 필사하기이다. 필사하면서 다른 사람이 쓴 글을 보고 연습하는 것이다. '모방에서 실력이 나온다.'라는 믿음으로 꾸준히 필사하면, 필사한 글처럼 나도 그렇게 서론-본론-결론에 맞추어 쓰게 될 것이다. 필사는 생각 외로 편안한 작업이다. 나의 사고력이 필요한 것이 아니라, 자판을 두드리는 손가락 운동을 통해서 나의 사고력이 발달하는 작업이다. 즐겁게 자판 두드리고 서론-본론-결론 쓰기도 익힐 수 있다.

1꼭지 글을 쓰기 위해 서론-본론-결론 나누어 쓰는 것을 익혀야 한다. 긴 글이기에 긴 글에 합당한 전략과 방법이 필요한데, 그것이 바로 서론-본론-결론이다. 사실 짧은 글은 깊이 생각하지 않고도 즉석에서 써낼 수 있다. 갑자기 발견한 스마트폰 메시지에 대해 바로 답글을 쓸 수 있다. 오랜만에 온 친구의 메시지에도 생각하고 쓰는 것이 아니라 쓰면서 생각한다. 그래도 제대로 쓴다. 하지만, A4 2장의 글이라면 그렇게 한다면, 반장 채우면 그다음에 쓸 말이 없어 고민해야 한다. 이때 필요한 것이, 서론-본론-결론이다. 이 방법만 익히면, 글 길이를 얼마든지 늘였다 줄였다 할 수 있다. 내가 원하는 길이만큼 쓸 수 있다는 것이다. 서론-본론-결론 쓰기는 결국, 글을 나눈다 의미인데, 이 나눌 수 있는 능력이 바로 1꼭지 글을 완성하는 비법이기도 하다. 글이 다 똑같은 글이 아니다. 서론의 역할을 하는 문단과 본론의 역할을 하는 문단, 결론의 역할을 하는 문단, 다 따로따로인 것이다. 이 각각 문단의 특성을 이해하고 서론-본론-결론을 쓸 수 있다면,

직장인들의 부족한 시간을 아낄 수 있을 뿐 아니라, 즐겁게 책 쓰기 작업을 할 수 있게 된다. 만만하고 우습게 보일 수 있는 서론-본론-결론, 이제 내 것으로 만들기 시작해보기를 바란다.

시간이 부족하다면, 서론-본론까지만 쓰라

직장인에게 아쉬운 부분이라면 개인적인 시간이 넉넉하지 않다는 사실이다. 직장인의 삶이란 최소 8시간은 몸과 마음이 직장에 묶여 있다. 그래서 어떤 새로운 일을 시도 하거나 나만의 인생 목표를 위해 노력하려면 시간 확보가 관건이다. 쓸데없는 시간을 걷어내서 제거하는 방법이나, 아니면, 새로운 시간의 영역을 찾아내는 방법, 이 2가지 방법으로 시간을 확보할 수 있는데, 2가지의 방법을 다 사용한다고 하더라도 꼭지 글쓰기에는 여전히 시간이 부족하다. 하루에 1꼭지 쓰기는 사실, 직장인들에게 힘든 부분이라고 생각한다. 그래서 나누어서 쓰는 것을 추천하고 싶은데, 나 또한 나눠 쓰는 방법으로 꼭지 글을 쓰고 책을 출간하고 있다.

　남편과 나의 고향은 경북도의 작은 도시이다. 나는 시내가 집이고 남편은 시내에서 조금 더 시골 방향으로 들어가 '지례'라는 곳이 남편의 고향이다. 남편의 고향에선 호두나무가 많고 그 호두나무에서 해마다 호두를 수확한다. 지리적 위치 때문인지 그 맛도 어느 지방보다 탁월하다. 남편의 형은 그곳에서 터를 잡고 본격적으로 호두 농사를 짓고 있다. 재배해서 상품으로 만들어 판매까지 하고 있다. 남편은 시간이 되면, 고향으로 내려가서 호두 수확에 도움을 주기도 한다. 수확물 중에 상품으로서는 가치가 좀 떨어지지만, 집에서 먹는 데는 아무 지장 없는 호두를 노동의 답례로 한 아름 받아오기도 했다. 한 해는 그해 따라 호두를 많이도 나누어주었다. 남편은 집에서 그것을 호두 까는 도구로 호두를 까기 시작했다. 한꺼번에 까두어야지 먹기 편하다고 일주일 내내 호두를 깠다. 퇴근 후 꼬빡 그 호두만 끌어안고 까더니, 나중에는 '호두'의 '호'자만 들어도 진저리를 쳤다. 남편의 말에 의하면, 까다 보니 승부욕이 생겼고 '어디 두고 보자. 내가 다 까고 만다.'라는 오기로 그렇게 무리를 하게 되었다고 이야기했다. 사실, 호두는 먹을 때 한두 개씩 까서 먹는 것이 맛있다. 미리 까두면, 그만큼 맛이 떨어지기도 하고 무엇보다 손도 아프고 어깨도 무리가 되기 때문이다. 남편은 그 뒤 시골에서 호두를 아예 가져오지 않았다. 몇 해

동안 그 일은 쭉 되었고, 설사, 시골에서 호두를 택배로 보내주어도 호두를 쳐다도 보지 않았다.

1꼭지 쓰기에도 한꺼번에 무리해서 하다 보면 이런 부작용이 일어난다. 직장인이기 때문에 절대 무리해서 쓰려고 하면 안 된다. 무리하게 쓰면 그다음에 오래 할 수가 없다. 남편의 호두 까기가 그랬듯이 모든 일은 순리대로 해야 한다. 무리하면 절대 안 된다. 오래 하려면 지금 부담되지 않으면서 내 수준에 맞게 천천히 그리고 쉽게 쓰는 방법을 찾아내는 것이 필요하다. 나의 경우, 복직 전에는 하루 1꼭지 쓰기를 목표로 했다. 초등학생 아이들을 돌보고 가정주부의 역할을 하면서도 꼭지 글쓰기를 우선순위로 두니 1꼭지 쓰기가 가능했다. 1꼭지 쓰지 못할 경우도 있긴 했지만, 최소 이틀에 1꼭지 쓰기는 할 수 있었다. 하지만, 현재 복직을 하고 직장을 다니면서 하루 1꼭지는 거의 불가능했다. 불가능한 것을 위해 노력하는 것은 너무 무모한 것이라 할 수 있겠다. 무모한 글쓰기, 책 쓰기는 일시적으로 가능할지 모르겠지만, 장기전에는 결코 도움이 안 된다.

처음 책을 쓸 때, 1꼭지 쓰는 시간이 5, 6시간 정도 걸렸다. 5, 6시간 동안 사례를 찾기 위해 책을 읽었고 머리를 정리해서 본격적으로 쓰기 시작했다. 본격적으로 쓰기 시작하는 시간이 3~4시간이 된다. 그때는 쓰는 방법도 익숙하지 않았다. 지금은 어느 정도 글의 패턴이 만들어져 나만의 방식이 생겼고 시간도 빨라졌다. 처음 꼭지 글을 쓸 때, 시간이 걸리면서도 서론, 본론, 결론을 한꺼번에 써두어야 한다고 생각했다. 지쳐서 못 쓰는 경우를 제외하고 한번 쓰기 시작하면, 연달아 써야 한다고 여겼다. 지금 생각하니, 그렇기에 1꼭지 쓰는 시간이 더 걸렸다고 볼 수 있다. 차라리 나누어서 썼더라면, 몸도 마음도 덜 힘들었을 것이다. 책 쓰기도 그리 어렵게 생각하지 않았을 것이다. 지금, 직장을 다니면서 해보니, 한 번에 꼭지 글을 마무리할 수 없는 상황이라면 나누어서 써도 괜찮다.

글 쓸 때 나누지 않고 연달아 써야 한다고 생각한 가장 큰 이유는 쉬었다 쓰면 흐름이 깨지고 결국 쓰지 못할 수도 있다는 것 때문이다. 무엇이든지 마음먹었을 때, 해야지 열정적으로 끝까지 할 수 있다고 생각한다. 그래서 글을 쓸 때도 시간이 걸리더라도 1꼭지의 결론까지 써야 한다고 여긴다. 하지만, 한꺼번에 끝까지 1꼭지를 마무리해야 한다는 생각 자체가 직장인들의 1꼭지 글쓰기를 아예 시작도 못 하게 할 수도 있다. 이점을 스스로 주의해야 한다. 인생 첫 책을 쓰는 사람이라면, 1꼭지 쓰는 데 소요 시간이 5~6시간이기에 무리가 된다. 아무리 빨리 쓰더라도 초보 작가일 경우 3~4시간은 걸린다. 직장인이라면, 나누어서 1꼭지를 쓴다는 생각으로 쓰는 것이 인생 첫 꼭지 글쓰기에도 도움이 되고, 그 이후에도 직장 다니면서 책을 계속 쓸 수 있다.

1꼭지 글을 쓸 때 나누는 방법은 크게 3부분으로 생각해보자. 그것은 첫째는 글감 찾기와 개요 쓰기이고 둘째는 서론, 본론 쓰기이며 셋째는 결론 쓰기이다. 개요 쓰기와 글감 찾기는 구상하는 단계이다. 개요 쓰기에서 본론에 쓸 메시지와 사례를 정해야 한다. 이때 꼭지 제목을 보고 나의 경험에서 사례를 찾아내야 한다. 꼭지 제목을 보자마자 사례가 떠오르기도 하는데, 이것을 빠르게 메모해둔다. 또한 사례만 쓰면 글의 의미가 없다. 있는 사실 그대로의 사건 위주의 글에 그 사건에 대한 의미를 부여해야 한다. 내 생각, 느낌, 내가 강조하고 싶은 의미를 사례에 이어서 적어준다. 이것이 바로 나의 메시지가 되는데, 사례를 찾고 나의 메시지를 정하는 것, 이것이 글감이 되겠다. 개요 쓰기에 이런 사례와 메시지를 정하는 것이다. 본론에서 사례 2개와 메시지 2개를 정하고 그다음에 서론에 필요한 사례와 메시지를 또한 찾게 된다.

　그다음 단계는 구상이 끝나고 개요에 맞추어 직접 쓰는 단계로서 서론-본론 쓰기이다. 개요 쓰기에 간단히 키워드나 핵심 문장으로 메모를 해두었지만, 막상 쓸 때는 또 상황이 다르다. 그것을 길게 써주어야 한다. 아주 자세히, 나의 기억을 더듬어서 적되, 독자가 흥미를 유지하는 방법으로 글을 이끌어가야 한다. 하지만, 이런 방법들에 너무 비중을 둘 필요는 없다. 시간이 지나야 달성되는 부분이 있는데, 글재주를 타고 나지 않았다면, 처음부터 너무 무리한 욕심을 내면 안 된다. 나의 아이들은 영상을 찍어서 유튜브에 올리는 놀이를 자주 한다. 요즘 초등학생들이 이런 활동을 아무렇지 않게 하는 듯하다. 문제는 영상 찍어 유튜브에 올리고 나서 조회 수에 연연한다는 것이다. 조회 수 얼마나 늘었는지, 그것에 관심이 집중된다. 조회 수가 많이 나오면 아이들은 기분이 좋아서 나에게 자랑을 한다. 그래서 나는 말한다. "조회 수에 연연해하지 말고 영상 찍으면서 말하기 연습하고 말하는 스킬이 좋아지는 것에 집중해라. 조회수를 신경 쓰면 다른 것을 배울 수 없다." 아이는 듣는 둥 마는 둥 한다. 일반적으로 책에서 나오는 서론 쓰는 법, 본론 쓰는 법대로 쓰기 연습을 하면서 내 머릿속의 뇌에 그것에 관한 고속도로 회로가 만들어지도록 노력해야 한다. 마지막 단계는 결론 쓰기이다. 이것은 시간이 부족하다면 나중에 써도 된다. 한꺼번에 쓰면 좋겠지만, 아직 1꼭지 쓰기에 익숙하지 않고, 전업 작가가 아닌 이상, 생활하면서 글도 쓰는 것이기에 적당히 나누면서 결론은 다른 시간으로 돌리는 것이다.

1꼭지를 써나가는 일도 직장인이기에 직장인의 방식대로 해야 한다. 나의 여건에 맞추어 써야 인생 첫 책도 써낸다. 한 번에 1꼭지를 다 써낸다는 마음으로 쓴다면 어쩌면 1꼭지 글쓰기 시도를 못 할 수도 있다. 시도 자체가 안 된다면 책 쓰기는 점점 멀어져 가게 된다. 그래서 직장인들에게 시간이 부족하기에 서론-본론까지만 쓴다는 생각으로 시작하는 것이다. 그 전, 구상은 쉬엄쉬엄, 짬 시간을 활용해서 완성한다. 사실, 어떤 기획이나 구상 같은 것은 아이디어가 중요하다. 아이디어는 문득문득 머리에 일어나는 스파크와 같은 것이기에, 다른 일을 하다가 불현듯 떠오른다. 그렇기에 개요 쓰기 구상은 짬 시간을 활용해서 하는 것이 가능하다. 직장에서 잠시 여유 있을 때, 목차를 들고 생각하는 것도 도움이 된다. 그리고 덩어리 시간에, 서론, 본론까지만 쓰는 것이다. 서론, 본론까지만 써도 1꼭지에서 중요한 부분을 쓰는 것이기에 이제 남은 마무리, 결론 부분은 꼭지 제목을 보고 자연스럽게 연결되도록 쓰면 된다. 덩어리 시간 확보가 어려운 직장인이라면 1꼭지 한꺼번에 쓰려하지 말고 나눠 쓰길 권한다.

결론은 나중에 따로 써도 된다

 우린, 어떤 자극에 대해 그 대응을 선택할 수가 있다. 대응은 보통, 반사적이면서 습관적으로 나오는데, 속도를 조금 늦추어 멈추고 대응해야겠다. 응급상황이 아닌 이상, 잠시 멈춘다고 해서 해가 되는 것이 아니다. 멈춤으로써 좀 더 객관적으로 관찰하고 대응하게 되고 우리는 일을 그르칠 확률을 줄일 뿐 아니라 성장과 자유까지 얻을 수 있겠다.
 1꼭지 쓸 때도 이런 멈춤이 필요하다. 직장인에게 가장 취약한 부분이 시간인데, 직장인이 1꼭지 글을 쓸 때 적절한 타이밍에서 멈추어야 한다. 적절한 타이밍의 순간은 결론을 쓰기 시작할 때이다. 서론-본론을 완성하고 멈춤의 시간을 갖는 것이다. 이런 생각으로 쓴다면 무난히 책 쓰기를 이어갈 수 있고 꾸준한 책 쓰기를 통해서 계속된 자기 성장이 가능해진다.

책 쓰기에 가장 기본인 1꼭지 쓰기, 직장인이 이것을 쓰기 위해서는 나눠야 함이 필요하다. 시간이 턱없이 부족하고 할 일이 많아 마음의 여유도 넉넉하지 못한 직장인에게 책 쓰기가 가능할 방법은 바로 나누어서 쓰는 것이다. 1꼭지 글쓰기를 할 때 나누어야 하는 이유는 이미 알고 있겠지만 다시 한번 더 정리해 보고자 한다.

우선은 1꼭지 쓰는 데 시간이 오래 걸리기 때문이다. 처음 책을 쓴다면, 1꼭지 쓰는데 최대 6시간 이상이 걸릴 수 있다. 이것도 쓰기 어렵지 않은 만만한 꼭지 제목일 경우이다. 쓰다 보면 정말 숨이 막힐 정도로 아이디어가 떠오르지 않는 제목도 있다. 그러면 그 꼭지 제목은 시간 킬러가 된다. 하루, 이틀, 생각만 계속하게 되고 막상 쓰는 것이 쉽지 않다. 그런 꼭지 제목이라면 뒤로 미루어두고 쓰는 것이 낫다. 여유를 가지고 조금 더 시간을 투자하는 것이다. 그 꼭지 제목 때문에 초고 완성 날짜만 계속 늦추어지게 된다. 초고 완성 날짜가 될 수 있으면 맞추려는 이유는 꾸준히 쓰기 위해서이다. 매일 쓰는 것이 글쓰기를 몸에 익히고 습관으로 만들기에 가장 좋은 방법이기 때문이다. 쓰기 어려운 꼭지 제목을 붙들고 있으면 매일 쓰는 것이 불가능해져서 집중적 성장이 일어나지 않는다. 어떤 성과를 내는 데는 1

만 시간의 법칙이 적용된다고 했는데 1만 시간의 투입을 위해, 3시간씩 10년을 하기보다, 10시간씩 3년을 하는 것이 더 성과가 좋다고 본다. 가능하다면 단시간에 집중하는 것이 기능을 몸에 익히는 데는 더 효과적이다. 글쓰기, 책 쓰기도 마찬가지이다. 시간 킬러 꼭지 제목은 뒤로 미루어도 여전히 많은 시간이 소요되는 1꼭지 글쓰기를 할 때는 시간이 부족한 직장인에게는 당연히 나누어서 쓰는 것이 필요한 것이다. 그렇게 나누어서 매일 써야 한다.

  1꼭지를 나누어서 쓴다면, 결론 부분은 나중에 쓰는 것이 맞다. 서론과 본론은 한 몸이다. 왜냐하면 본론을 위해서 서론을 쓰는 것이기 때문이다. 서론의 역할은 말을 꺼내기 위한 부분이다. 그래서 서론에는 다양한 방법들이 있다. 상대방을 봐가면서 그 상대방이 부담을 느끼지 않는 범위 내에서 이야기를 꺼낸다. 타깃 독자를 의식해서 쓰는 것이다. 타깃 독자가 이해하기 쉬운 단어와 이야기들을 쓴다. 타깃 독자가 중, 고등학생인데, 초등학생 수준의 이야기나, 성인이나 노인들이 관심을 보일 이야기로 시작한다면, 보나 마나 읽히지 않는 글이 될 가능성이 커진다. 책을 쓰는 것이기에 항상 타깃 독자를 의식하고 서론이나 본론, 결론을 써야 한다. 한 가지 더, 서론이기에 서론의 역할을 다할 수 있는 글을 쓴다고 생각해야 한다. 그리고 본론을 시작한다. 서론은 본론을 위해 분위기 조성, 바람잡이 역할을 하는 것이기에 서론과 본론은 한 몸이라고 하는 것이다.

결론은 꼭지 제목과 이어지면 된다. 꼭지 제목은 목차의 한 부분이다. 꼭지라는 용어가 생소할 수 있는데, 이것은 출판 용어이다. 독자들이 보통 알고 있는 단어 소제목이다. 즉, 소제목이 꼭지 제목이다. 소제목이 모여서 목차가 되듯이, 꼭지 제목이 모여서 목차가 된다. 우리가 책을 구매할 때 주로 확인하는 것이 책 제목과 목차이다. 우선은 책 제목이 호기심을 유발하면 다음으로 목차를 훑어보게 된다. 목차를 훑어보고 오프라인 서점이라면, 관심 있는 꼭지 제목으로 가서 읽어보고 마지막 결론을 읽는다. 보통 결론 부분은 앞의 내용을 한 번 더 언급하는 경우가 많다. 그리고 저자의 최종 메시지를 강조해서 적어둔다. 그래서, 그 꼭지 제목에 저자가 하고 싶은 핵심 메시지를 알게 된다. 그것이 호기심을 자극하고 나의 관심 영역과 맞는다면, 독자는 책을 구매한다. 사실, 나는 서론과 결론을 읽어보고 더 읽고 싶으면 본론을 읽는다. 본론은 저자의 메시지에 대한 근거 자료들이 들어있는 곳이다. 근거자료까지 읽으면 지지의 메시지와 그 메시지를 강조하게 되는 이유까지 알게 되는 것이다. 그래서 꼭지 제목과 결론이 무난히 이어진다면, 그것만 읽어도 문제 되지 않는다. 그래서 읽을 때처럼, 쓸 때도 그렇게 써도 된다. 서론, 본론은 떼어내고 결론만 따로 쓴다고 생각해도 되는 것이다.

시차를 두고 결론을 쓸 때도 앞글을 읽는 시간이 필요하다. 서론,

본론 글을 이어서 결론 글을 써야 하기 때문이다. 내가 쓴 글이지만, 하루, 이틀 지나면 기억이 그만큼 흐려진다. 그래서 1꼭지 글을 나누어서 쓸 경우, 그다음 시간 연이어서 못 쓴 결론을 쓰고 새로운 꼭지 제목 쓰기로 넘어가는 것이 좋다. 앞에 쓴 서론, 본론 부분이 그래도 뇌에 많이 남아 있기 때문이다. 마무리하지 않은 상태에서 다른 꼭지 제목을 쓰면 나중에 결론 쓰기 위해 더 시간을 투자해야 한다. 앞의 내용을 다시 언급하고 꼭지 제목에 대한 언급도 함께 하면서 결론을 마무리하면 된다. 임팩트 있는 결론도 중요하지만, 처음부터 너무 욕심내지 말고, 자신의 능력껏 앞의 내용과 연결된 결론을 쓰면 된다고 본다.

결론 글은 10줄 전후로 쓰면 좋다. 너무 짧게 써도 글 전체적인 모양이 좋지 않고, 너무 길게 써도 깔끔한 마무리가 되지 않는다. 형식적인 부분도 어느 정도 갖추어 주면 좋다. 글을 쓰다 보면, 서론이 50%를 차지하고 결론은 2, 3줄로 끝내는 경우가 있다. 이것은 머리만 큰 글이 되는 것이다. 머리에 너무 힘을 많이 준 글이 되고 끝이 흐지부지한 느낌이 든다. 그래서 서론 반장, 본론 한 장, 결론 반장으로 대략적인 형식을 생각하는 것이다. 이 형식이 육안으로 보이면 보기에도 좋은 글이 된다. 음식처럼, 보기에 좋으면 읽고 싶어진다.

시간이 부족한 직장인들은 결론 부분은 나중에 쓰는 것을 권한다.

1꼭지 글쓰기에서 중요한 내용은 서론-본론에서 거의 다 썼다고 볼 수 있다. 결론은 앞에서 쓴 부분을 한 번 더 정리하고 여운을 남기며 저자의 메시지를 다시 강조하는 부분이다. 인스타 짧은 글에서는 서론, 본론 글만 쓰고 끝내기도 하는데, 책 쓰기를 위한 1꼭지 글쓰기에서는 결론을 생략할 수는 없지만, 그 역할은 그리 크지 않다고 볼 수 있다. 그래서 부족한 시간, 다른 시간으로 채우는데, 그 시간에 앞에 쓴 서론, 본론 내용을 다시 읽어보고 그 맥락에서 메시지를 강조하면서 마무리하면 되겠다. 결론 쓰기의 핵심은 꼭지 제목과 바로 이어지게끔 쓰면 된다. 없는 시간 무리해서 1꼭지 글 쓰려하지 말고, 결론 부분은 다른 시간에 쓴다고 생각하고 책 쓰기 매일 꾸준히 쓰길 바란다.

서론과 본론은 자연스럽게 이어지도록 써라

이른 아침, 잠을 깨는 나만의 비법이 있다. 《새벽 시크릿》을 쓰고 새벽 기상은 나의 삶으로 굳어졌다. 자신이 쓴 책대로 살게 된다는 말이 맞는다. 가끔 기상 시간이 늦추어지기도 하지만 그래도 6시 전에는 일어나고 있다. 처음 새벽 기상을 하기 전에 비하면 빠른 기상이다. 보통 일반 사람들 기상 시간보다도 역시 빠른 시간이다. 새벽에 일어나려면 이른 새벽 벌떡 일어나야 하는데, 이부자리에서 잘 일어나는 나만의 간단한 방법이 있다. 스마트폰 알람 소리를 듣고 눈을 뜨면 코로나 팬데믹 당시에는 누워서 코로나19 자가 진단 앱을 열어 자가 진단부터 했다. 아이들 것과 내 것을 연달아서 하고 나서 두 손을 들고 흔들었다. 많이 흔들지도 않고 딱 10회 정도 손을 들고 천천히 털었다. 그리고 두 다리를 든다. 두 다리 역시 10회 정도 털면서 흔든다. 이렇게 하고 나면 정신이 맑아지면서 잠이 달아난다. 새벽 기상을 처음 시작한 이후 현재까지 나는 아침 눈을 뜨면 제일 먼저 손과 발을 터는 행동을 하고 있다. 이렇게 오랫동안 하는 이유는 바로 새벽 기상에 실제 효과가 있기 때문이다. 단지 팔, 다리를 흔들었을 뿐인데, 새벽 기상을 하는데, 중요한 역할을 하고 있다. 팔, 다리의 흔들림이 새벽 기상을 자연스럽게 가능하게 해준다. 별것 아닌 것 같지만, 부담 없이 잠 깨는 방법이다.

　1꼭지 글쓰기를 할 때, 서론과 본론을 자연스럽게 이어지도록 써야 한다. 손발을 흔드는 단순한 행동이 새벽 기상을 자연스럽게 했듯이 별것 아닌 생각하나, 행동 하나로 1꼭지 글쓰기가 자연스러워진다. 그 방법의 하나가 서론은 본론을 위한 곁가지라고 생각하는 것이다. 서론을 쓰고 본론을 쓴다고 서론과 본론을 동등한 비중으로 생각하지 말고, 본론에 쓸 내용을 먼저 정해두고 본론을 위해 서론은 가볍게 글 문을 연다는 생각으로 쓰는 것이다. 생각의 작은 차이인데, 서론과 본론, 둘 관계를 자연스럽게 연결하도록 할 수 있다. 1꼭지 쓰기에서 서론과 본론만 잘 쓰면 된다. 결론은 그야말로 나의 메시지를 한 번 더 강조하는 것이기에 그 역할에 충실하도록 쓰면 되는데, 앞의 서론과 본론의 내용을 정리하고 메시지를 재강조한다는 느낌으로 쓰면 된다. 중요한 것은 서론과 본론의 자연스러운 연결이고, 그 연결이 걸림 없이 자연스러울 때, 1꼭지 글은 무난히 쓴 글이 될 것이다.

　서론을 본론처럼 쓰면 안 된다. 서론은 단지 서론의 역할에 충실해야 한다. 서론이 본론은 아니다. 하지만 쓰다 보면, 본론처럼 내용이 계속 이어진다. 보통 A4 반장 정도로 서론을 쓴다고 생각하고 시작하지만, 그 길이가 거의 한 장을 채워가기도 한다. 그 이유는 서론 부분에 가볍게 나의 경험 일화로 시작하는 경우가 많은데, 나의 경험이기 때문에 쓰다 보면 심취하여 쓰게 되기 때문이다. 기억이란 것이, 처음 찾을 때 어렵지, 기억의 끄트머리라도 잡게 된다면 그다음에는 엉킨 실타래 풀리듯 술술 재생된다. 오히려 중간에 끊어내기가 더 어려워진다. 그 기억을 선택한 처음 취지를 잊지 않고 필요한 부분은 쓰고 나머지는 잘라내야 한다. 굳이 쓰지 않아도 될 부분까지 구구절절 쓰는 것은 독자가 집중도를 흐리게 하는 이유가 된다. 우리의 경험 기억은 잘린 것이 아니라 이어진 것이라, 그것을 잘라내는 훈련 또한 필요하다. 적당하게 찾고 자르는 연습이 필요한 것이다. 이어진 기억을 자르지 못하고 사례로 적어나가는 것이라면 본론이라면 그래도 봐줄 만할 수 있다. 하지만, 서론은 특히, 일화 중, 본론에 쓸 내용에 해당하는 부분만 잘라 쓸 수 있어야겠다.

　또한 서론을 결론처럼 쓰지 말아야 한다. 쓰다 보면, 서론인지 결론인지 구분할 수 없는 글을 쓰게 된다. 엄연히 차이가 있음을 기억하고 씀이 필요하겠다. 결론은 서론과 본론에 이어서 나의 메시지를 다시 한번 임팩트있게 마무리하는 곳이다. 이런 결론을 서론 부분에 쓰다 보면, 본론에 할 말이 없어진다. 이미 결론이 난 메시지를 다시 언급하는 느낌이 들게 된다. 그래서 서론을 쓸 때 주의할 부분은 결론처럼 쓰지 않고 본론의 글을 쓰도록 유도된 듯한 느낌을 받을 수 있도록 쓰는 것이 가장 자연스러운 모습이 되겠다.

서론의 사례를 찾을 때는 최근이나 현재의 에피소드에서 찾으면 가볍게 서론을 시작할 수 있다. 쓸 본론을 정하고 서론의 사례를 찾으면 된다. 일화 사례를 찾을 때, 과거부터 나의 경험을 생각해 본다. 과거로 갈수록, 특별한 기억이 생각난다. 지금, 이 순간에도 내가 생각하는 나의 과거 경험은 처음으로 온 가족이 금강휴게소로 가족 나들이 간 것, 중학생 때 친한 친구와 싸워서 몇 년 동안 이야기하지 않은 것, 또한, 재수할 때와 대학교 때의 생활, 기타 등등, 내 인생 굵직한 일들이다. 과거의 경험들은 시간이 지난 관계로 임팩트한 경험 위주로 머리에서 되살아난다. 그래서 서론보다는 본론 사례로 넣으면 좋다. 서론은 너무 과거의 시간으로 가지 않아도 생각해 낼 수 있는 기억을 사례로 넣는다. 최근의 일이나, 지금 글 쓰는 현장에서 얻을 수 있는 소소한 경험을 사용하면 된다.

인생 첫 책을 쓸 때, 나는 카페에서 8꼭지를 썼다고 말하는 작가를 봤다. '그것이 가능할까?' 그 당시에는 생각했지만, 책을 여러 권 출간하고 매일 1꼭지 글쓰기를 하다 보니 충분히 이해가 간다. 그 작가는 서론에 쓸 글감을 카페를 찾은 사람들 속에서 가볍게 찾은 것이다. 옆에서 이야기하는 내용을 각색하고, 카페 문을 들어오는 사람들의 표정 속에서도 서론의 글감으로 쓸 사례를 찾아 서론을 빨리 쓰기 시작할 수 있다는 것이다. 글이라는 것은 앞 문장에서 이어서 쓰는 것이 맞다. 첫 문장을 쓰면 다음 문장을 이어서 쓸 수가 있다. 현재 내가 글을 쓰고 있는 장소에서 보고 듣고 느끼고 배운 것들을 서론의 소재로 활용하면 된다. 자신이 현재 있는 자리에서 본론과 꼭지 제목과 의미를 연결할 수 있는 것들을 서론으로 넣으면 쉽게 1꼭지를 시작할 수 있고, 자연스럽게 본론과 이어서 쓸 수 있다. 두 번째 문장이 세 번째, 네 번째 문장 쓰기를 가능하게 해서 한 문단이 완성되고 1꼭지를 써 내게 된다. 소소한 소재로 서론을 쓰는 것은 아주 좋은 글쓰기 방법이 되고 자연스러운 글이 되는 비법이 되는 것이다.

　서론에서는 힘을 빼고 본론과 자연스럽게 이어지게 쓴다는 생각으로 쓰면 좋겠다. 글의 첫 부분부터 임팩트있게 사람들의 마음을 확 잡을 수 있는 서론을 쓰겠다고 욕심을 부리면 안 된다. 그렇게 마음에 힘이 들어가면, 서론 쓰기가 힘들어진다. 1시간, 2시간, 시간만 흘러간다. 꼭지 글쓰기 힘든 이유 중의 하나가, 시작을 못해서이다. 그 시작이 바로 서론 쓰기이고, 그 서론 쓰기에 너무 거창한 내용을 쓰려하니, 시간만 보내고 지친다. 간혹, 임팩트한 서론을 쓰는 것은 좋지만 모든 글에서 그렇게 하지 않아도 된다. 욕심을 내려놓고 시작하라고 말하고 싶다. 왜냐하면, 어떤 시작도 자신의 욕심을 채울 수 없기 때문이다.

꼭지 글은 1권 쓰기를 목표로 해서 쓰는 글이다. 마라톤과 같은 것으로 생각해야 한다. 광고 카피 글이 아니다. 너무 힘을 주지 않아도 된다. 책 1권의 36꼭지 글 중에서 잘 쓰는 꼭지 글도 있고 못 쓰는 꼭지 글도 있을 수 있다는 마음으로 편안하게 본론과 이어지는 서론을 쓰겠다고 생각하면 된다. 자연스러운 서론 쓰기에 가장 좋은 방법이 자신의 현재위치에서 사례를 찾는 것이다. 먼 과거의 내 경험 일화를 찾아 시간여행을 하지 않아도 된다. 현재의 위치에서 글감을 찾는 것은 시간이 오래 걸리지도 않는다. 어떤 장면에서 제 생각과 느낌을 적어주어도 되고, 보이고 듣는 것에서 생각들을 기록하면 된다. 현상을 보고 자신만의 의미를 찾아 본론의 메시지와 연결할 수 있는 연습을 조금 한다면, 이런 글쓰기에 익숙해질 것이다. 현재위치에서 찾은 소소한 글감으로 시작해서 본론까지 이어서 쓴다면 서론과 본론을 자연스럽게 이어서 쓰는 방법이 될 수 있을 것이다.

한 문단 쓰기도 서론-본론-결론이다

며칠 전에 이런 생각을 했다.

"그래, 매일 글을 쓰기 위해서는 1꼭지 글쓰기보다는 1문단 쓰기를 잘해야 한다."

나는 새로운 발견이라고 생각했다. 그동안 미처 생각해보지 않았다가 새롭게 인지하게 되었다. 사람마다 글을 쓰는 스타일이 다르다. 어떤 사람은 1꼭지 글을 완벽하게 쓰는 것이 원칙인 사람이 있다. 그래서 1꼭지 글을 최대한 수정한다. 쓰고 수정하고 쓰고 바꾸고, 그렇게 시간과 노력을 투자해서 정성스럽게 1꼭지 글을 완성한다. 나중에 퇴고할 때, 고칠 것이 거의 없어서 좋다. 하지만 나의 경우에는 우선 개요를 바탕으로 1꼭지 글을 단숨에 쓰는 것을 중요하게 생각한다. 어느 정도 속도가 있어야 자연스럽게 내가 말하려는 메시지를 일관되게 써서 전달할 수 있음을 깨달았기 때문이다. 어린아이가 책을 읽을 때, 너무 느리게 읽으면 그것이 무슨 의미인지 잘 모른다. 내 아이인 경우에도 현재 그런 단계인데, 글자 하나하나를 틀리지 않고 잘 읽는데, 집중하다 보니 전체 글을 읽고도 무슨 의미를 잘 알지 못한다. 전체를 이해하기 위해서는 부분에 너무 집중하면 안 된다. 글쓰기도 마찬가지다. 그래서 나는 한번 글을 쓰기 시작하면, 1꼭지 분량을 써내는 것을 목표로 한다. 적어도 서론-본론까지라도 쓰려고 한다. 시간이 1시간이 주어졌다면, 1시간 이내에 최대한 써내려고 한다. 그리고 수정은 나중에 한다.

    이런 방식의 단점은 시간이 너무 부족하다는 것이다. 직장인들에게 이렇게 덩어리 시간이 주어지는 경우가 많지 않다. 1꼭지를 쓰는데, 최대한 시간을 줄인다고 하더라도 1시간 이상 2시간 이상이 걸린다. 인생 첫 책 쓰기일 때는 무제한의 시간이 요구되는 꼭지 제목도 있다. 하루, 이틀, 시간을 투자해도 도저히 한 글자도 쓸 수 없는 꼭지 제목도 더러 있다.

    그래서 생각하게 된 것이다. 1꼭지 글쓰기가 아니라 1문단 글쓰기를 하자고. 나의 글 쓰는 스타일이 잘 쓰든 못 쓰든 1꼭지를 빠르게 쓰는 것이었기에 그동안 미처 생각하지 못했다. 하지만, 결국 1문단 쓰기도 1꼭지 쓰는 것과 같은 방식, 즉 서론-본론-결론 식으로 쓰면 되는 것이기에 매일 쓰는 것에 주안을 둔다면 굳이 1꼭지 글쓰기만을 고집할 필요가 없는 것이다. 생각의 전환이었다. 특히 직장인인 나에게 1꼭지 글쓰기에 너무 연연해서 할 필요가 없었다. 습관적으로 쓰던 방식을 바꾸기로 했다. 이제 환경이 바뀌었으니, 그 환경에 맞는 맞춤식 글쓰기 방식으로 바꾸었다.

설득력 있는 본문에는 5가지 부분이 들어가면 되겠다. 5가지 부분은 이유와 근거, 사례, 제안, 메시지, 해법이다. 또한 이 5가지 부분은 순서를 정해서 넣기를 권하고 싶은데, 그 순서는 다음과 같이 하면 되겠다.

첫 번째, 나의 강조 메시지
두 번째, 이유와 근거
세 번째, 사례
네 번째, 해결법
다섯 번째, 메시지 재강조

위의 부분들은 글을 쓸 때 언제나 쓰게 되는 부분이다. 1꼭지, A4 2장을 쓸 때 5가지 부분을 순서대로 넣어서 완성하면 되겠다. 1꼭지를 쓸 때, 1꼭지에 들어가는 요소는 이 5가지 부분에서 크게 벗어나지 않는다. 서론, 결론에 나의 핵심 메시지를 넣는 것은 항상 같고, 중간에 들어가는 부분은 사례만을 길게 넣을 수도 있고, 어떤 솔루션을 중점적으로 쓸 수도 있다. 하지만 전반적으로 나만의 이유와 근거, 사례, 해결법을 꼭지 제목에 따라 비중을 달리해서 넣어주면 된다고 생각하면 된다. 그래야, 2장을 채우는데 좀 더 수월해지기 때문이다. 각 꼭지 제목마다 중점적으로 쓰는 부분은 다를 수 있지만, 꼭지마다 거의 5가지 부분이 고르게 쓴다고 생각하면 맞을 것이다. 1꼭지 쓰기가 그렇듯이 1문단 쓰기도 마찬가지이다.

　1문단을 어떤 식으로 쓰라고 말하는 곳은 없었다. 1꼭지 쓰는 방법에 대해서는 많이들 이야기한다. 책 쓰기 주제의 책이나 책 쓰기 강사들이 자주 하는 이야기이다. 하지만, 1문단 쓰기에 대해서는 잘 이야기하지 않는다. 내가 인생 첫 책을 쓸 때도 기성작가의 조언이 많은 도움과 동기부여가 되었다. 그런데 그때도 1문단을 어떻게 쓰라는 이야기는 없었다. 그래서 그때는 1꼭지를 어떻게 쓸 것인가에만 집중했고 고민했다. 1꼭지 쓰기에만 집중했으니, 1문단 쓰기는 특별한 원칙이 없이 썼었다. 그렇게 두루뭉술하게, 그동안 문자 메시지 쓰듯이, 그렇게 쓰다 보니, 1문단 쓰기가 시간이 지나도 성장한다는 느낌이 없다. 우리가 많은 경험을 하는 동안, 그 경험을 통해서 자기 나름의 원칙이나 이론을 만들어가면서 더욱 성장하게 된다고 말할 수 있다. 하지만, 나의 책 쓰기에서는 1꼭지 글을 쓸 때 1문단도 매번 쓰고 있었지만, 1문단 쓰기에 대해서 고민하거나 특별한 원칙을 가지고 쓰지는 않았다. 다행스럽게, 지금은 1문단 쓰기의 중요성을 인지하고 '1문단 쓰기에 대한 방법도 이렇구나.'라는 것을 깨닫게 되었다. 서론-본론-결론 방식으로 1꼭지를 쓰듯이 1문단 쓰기도 같은 방식으로 쓰면 된다는 인지 하에 1문단 쓰기가 더 만만해지게 되었다.

    1문단 쓰기는 1꼭지 쓰기의 축소판이다. 쓰는 방법이 같기 때문이다. 서론-본론-결론에 맞추어서 쓰되, 5가지 요소를 적절히 넣어서 쓰면 된다. 1문단 쓰기도 평상시 연습을 통해서 좀 더 잘 쓸 수 있게 되는데, 그 방법으로 나는 인스타그램 활동을 권하고 싶다. 현재 나는 인스타그램에서 글을 쓰고 있다. 내가 글을 쓰는 방법은 독서 후 활동처럼, 책을 읽고 나서 감상 글을 쓰는 것이다. 특별히, 1문장을 맨 처음 쓰고, 그 사람 다음에 그 문장에 관한 내 생각들을 적는다. 그 생각에는 나의 경험, 나만의 해법, 강조하는 메시지, 강조하게 된 이유와 근거, 기타 다양한 방법으로 글을 쓸 수 있다. 이것이 바로 1문단 쓰기가 된다. 책의 1문단보다는 짧게 쓰게 되지만, 그 방식이 서론-본론-결론, 5가지 부분을 넣어 쓰는 것과 같은 것이다. 처음, 인스타그램을 할 때는 어떻게 해야 하는지도 모르고 시작했다. 중간에는 작가로서 의무감으로 인스타그램 글을 올리기도 했다. 하지만, 결국, 그렇게 쓰는 것이 1문단 글쓰기의 연습이 되었다. 매일 인스타그램에 글을 올린다면, 매일 1문단 쓰기를 연습하는 것과 같다. 읽고 쓰고, 이 2가지를 동시에 하게 하는 것이 인스타그램 글쓰기라고 말할 수 있겠다. 가볍게 인스타그램에 글을 쓰면서 1문단 글쓰기에도 익숙해지면 책 쓰기에도 수월해지는 것이다.

 1문단 쓰기도 결국 서론-본론-결론 식으로 쓰면 되었다. 문단 여러 개가 모여서 1꼭지 글이 완성되는 것이기에, 1문단 쓰기에 숙달해야 한다. 보통 책 쓰기 과정 중에는 1꼭지 글쓰기를 강조하기 때문에 1문단 쓰기에 소홀하기 쉽다. 특별한 방법도 원칙도 없는 것처럼 여겨질 수 있다. 하지만 아니다. 1꼭지 글이 완성되기 위해서는 1문단의 글이 먼저 완성되어야 한다. 1문단, 1문단에 능숙해진다면 1꼭지 글 쓰는 것은 문제없을 것이다. 1문단이 8줄에서 10줄이라고 했을 때, 서론-본론-결론을 적당히 잘 분배하여 한 문단을 완성하면 된다. 서론에는 핵심 메시지, 본론에는 근거와 사례, 나만의 비법, 결론은 핵심 메시지 재강조라는 서론 본론 결론 방식 그대로, 1문단도 그렇게 쓰는 것을 연습해야겠다. 문단들이 모여 1꼭지 글이 됨을 잊지 말자.

문단의 첫 문장은 짧게 핵심 내용을 써라

A4 2장의 1꼭지 글은 문단으로 이루어져 있다. 보통, 7, 8개의 문단으로 1꼭지를 채우면 된다고 하지만, 문단의 길이에 따라 문단의 수는 달라진다. 1꼭지 글의 길이는 A4 2장이나 2장 반으로 정해져 있기에 문단의 길이에 따라서 채워야 할 문단의 수는 달라지는 것이다. 우리는 문단 쓰기에 익숙해져야 한다. 어떤 식으로든 한 문단 쓰기에 좀 더 편안해지도록 노력해야겠다. 그래야 그다음 과정도 훨씬 수월해진다. 걸음마를 해야 걸을 수 있고, 걸어야 뛸 수 있는 이치와 같다. 문단 쓰기, 하지만 첫 문장 쓰기가 가장 어렵다. 글을 쓰는 사람이라면 누구나 어떻게 첫 문장을 시작해야 할지를 많은 시간 동안 고심한다.

아침에 일어나서 나는 오늘 해야 할 일을 적는다. 나만의 의식과 같은 이 행동은 일요일도 예외가 아니다. 쓰면 내가 할 일들이 명확해진다. 아무리 간단한 행동이라도 쓰면 더 잘 움직이게 된다. 주말에는 최소 2꼭지 글을 쓰자고 결심했다. 그래서 가장 먼저 할 일로 1꼭지 쓰기에 대한 것을 적었다. 시간을 적고 1꼭지 글쓰기를 적고 보니, 의욕이 솟는다. 오늘 글쓰기는 위의 꼭지 제목이다. "문단의 첫 문장은 짧게 핵심 내용을 써라" 이 문구를 노트북 파일에 쓰고 개요 쓰기부터 적었다. 아이디어가 떠오르지 않는다. 그래서 나는 책을 폈다.

H 작가의 에세이 책을 어제부터 읽었는데, 꼭지 제목과 직접적 연관은 없지만, 나도 모르게 꼭지 제목을 염두에 두고 읽었다. 이 책은 1문단씩 나누어져 있다. 이렇게 편집된 책은 처음 보는데, 오히려 눈에 잘 들어온다. 1문단, 1문단에 한 줄 여백을 넣어서 좀 더 집중력을 높였고 공감할 여백을 준 느낌이었다. 내가 쓸 꼭지 제목을 생각하면서 그 책을 읽다 보니, 정확히게 H 작가도 문단의 첫 문장을 짧게 쓰고 있었다. 역시나, 책을 쓰는 사람에게 짧은 첫 문장 쓰기는 E원칙과 같은 영역이란 생각을 하게 된다.

그래도 여전히, 어떻게 이 꼭지 글을 시작할지 고민된다. 그러면서 갑자기 한 가지 생각이 떠올랐다. 꼭지 쓰기와 상관없는 생각이다. 아이들에게 필요한 속옷 구매를 이때까지 하지 않았다는 사실을 인지

했다. 초등학생인 아이들의 키는 눈에 띄게 부쩍부쩍 자란다. 크는 키에 맞추어 속옷도 자주 구매해야 한다. 샤워할 때마다 아이들은 속옷이 작다고 이야기한다. '그래, 구매해야지.'라고 생각만 하고 바로 구매를 못 했다. 온라인 매장을 찾았다. 수많은 매장 중에서 적당한 매장을 찾는 것도 큰일이다. 그전에 구매한 매장을 찾기 위해 구매 내용을 훑어보았다. 정확한 날짜가 모르니, 작년 구매 내용을 일일이 월 단위로 눌러보았다. 결국 찾게 되어, 그 매장을 다시 찾아서 현재보다 한 치수 큰 속옷을 구매했다. 아이가 둘이다 보니 한 아이의 속옷을 산 시간만큼 구매하는데, 또 시간이 소요되었다. 사실, 물건을 구매할 때 생각보다 시간이 오래 걸린다. 매장을 직접 찾는 것보다는 덜하겠지만, 그래도 시간이 꽤 걸린다. 그렇게 꼭지 글을 쓰다가 뜬금없이 아이들 속옷을 구매했다.

 그리고 잠시 다시 써야 할 꼭지 제목으로 돌아왔다. 개요 쓰기를 어느 정도 마무리 지어 놓았다. 이제 쓰기 시작하면 된다. 하지만, 첫 문장이 여전히 문제이다. 어떻게 시작하지? 생각 중, 또 다른 생각이 난다. 앗, 물 끓여 놓자. 나는 부엌을 뒤로 하고 식탁에 앉아 앞 베란다의 나무들을 보면서 글을 쓴다. 책을 쓰는 엄마들이 대부분 이런 환경들이 많을 것으로 생각한다. 엄마 작가들은 특별히 서재가 따로 있는 것이 아니다. 그래서 장점도 있고 단점도 있다. 부엌 식탁에서 글을 쓰면 장점은 집안일도 같이 할 수 있다는 것이다. 급하게 처리해야 할 엄마로서 해야 할 역할을 동시에 할 수 있다. 하지만, 이 장점이 단점이 되어 글 쓰는 집중력을 떨어뜨린다. 이것이 부엌 식탁에서 글쓰기의 단점이다.

첫 문장을 쓰지 못하면 정신이 분산되어 글쓰기와 상관없는 다른 일을 하게 된다. 나 자신도 모르게 그런 행동을 한다. 그러다 보면 시간은 더 걸리게 된다. 글 쓰면서 나도 모르게 다른 일을 할 때는 글이 잘 써지지 않는다는 증거임을 깨닫게 되었다. 첫 문장 쓸 때 특히 그런 현상이 일어난다. 만약, 쓰고자 했지만 다른 일을 계속하고 있는 자신을 발견한다면, 아, 내가 글이 잘 안 써지니까 다른 일을 함으로써 정신적인 편안함을 찾는구나, 라고 인지하고 바로 원래 글쓰기로 돌아와야겠다. 잘되지 않겠지만 그럴수록, 글쓰기에 집중해야 첫 문장을 완성할 수 있기 때문이다.

문단의 첫 문장은 짧게 써야 한다. 문장을 길게 쓰는 것보다 짧게 써야 저자도 독자도 좋다. 아주 단순하게 시작하는 것이다. 주어와 동사만 써도 좋다. 첫 문장에 너무 많은 것을 쓰려고 하면 안 된다. 오히려 짧으면 짧을수록 첫 문장으로써는 좋다.

첫 문장이 짧음으로써 독자는 그 문단을 쉽게 읽기 시작한다. 짧음의 미학, 짧음의 반가움이 글을 읽는 사람의 마음에 편안함을 준다. 첫 문장을 읽으면 2번째 문장도 읽는다. 그렇게 중간쯤 읽고 나서는 마지막까지 읽는 것은 당연하게 된다. 저자가 글을 쓰는 방식과 같다. 항상 내가 아이들에게 강조하는 것이 있다. 글을 명확하게 잘 읽으려면 읽는 연습을 해야 하고 글을 잘 쓰려면 쓰는 연습을 해야 한다고 반복해서 말한다. 내가 편안하게 글을 쓸 때 읽는 사람도 편안하게 읽게 된다. 내가 한 대로 독자도 그대로 하게 된다. 그러므로 첫 문장을 짧게 편안하게 씀으로써 저자도 독자도 쓰고 읽는 것을 편안하게 할 수 있는 것이다.

"서점에 갔다.", 첫 문장을 간단히 적어 넣은 문단을 보았다. 두 단어와 조사만으로 짧은 문장을 만들어 첫 문장에 넣는다. 느낌이 어떤가? 첫 문장이 짧아서 오히려 더 읽고 싶어진다. 만약, 첫 문장이 한 줄을 넘어서 그다음 줄까지 이어졌다고 상상해 보자. 일단, 가슴이 답답해지면서 읽고 싶지 않게 될지 모른다. 물론 아닐 수도 있지만, 짧은 첫 문장에 비해 그럴 가능성은 훨씬 커지는 것이다. 첫 문장은 길게 쓰면 안 된다. 직장인들에게 긴 문장보다는 이런 짧은 첫 문장이 쓰기에도 더 편하다. 첫 문장을 짧게 써도 된다는 말이 많은 책에 나와 있어도, 왠지 그러면 안 될 것 같은 느낌이다. 초보 작가일수록 더욱 그렇다. 선입견이다. 고정관념이다. 짧게 쓰면, 없어 보일 것 같은 느낌, 이 느낌과 생각을 바꾸어야겠다. 짧게 쓰고 일단 그 문단을 시작해야 한다. 시작하면, 그 문단은 어느새 완성되고, 그다음 문단의 내용이 또 연이어 생각이 난다.

　문단의 첫 문장은 짧게 적어라. 그 문단에서 내가 하고자 하는 말의 핵심을 적는 것이다. 문단에는 하나의 스토리가 들어간다. 그 스토리의 핵심을 짧게 적어주는 것이다. 거창할 필요도 없고 멋지게 쓸 필요는 더욱 없다. H 작가가 쓴 '서점을 갔다.' 첫 문장처럼 그렇게 쓰면 된다. '나는'이란 단어도 생략하고 '서점'과 '갔다' 만을 적었다. 또한, 첫 문장은 한 줄을 넘어가지 않도록 적어야겠다. 한 줄을 넘어가면 첫 문장이 한 번의 시야로 인지되지 않는다. 이것이 문단을 읽기 시작하는데 약간의 거부감을 줄 수 있다. 쓰기도 편하고 읽기도 부담 없는 문단이 될 수 있도록 첫 문장을 짧게 써보자. 바쁜 시간에 첫 문장을 못 써서 시간을 소비하는 일이 줄어들 뿐 아니라 바로 집중해서 쓸 수 있다. 첫 문장은 짧게 핵심만 쓰기, 직장인 글쓰기의 제1원칙으로 삼아 1문단, 1꼭지 쉽게 써보시길 바란다.

1꼭지 쓰면 책 1권 쓴다는 사실을 잊지 마라

독서 모임에서 공저를 쓰기 시작했다. 독서 모임을 한 지는 3년 정도 되었다. 나의 인생 첫 책인 《하루 한 권 독서법》을 출간한 2018년 4월 이후에 첫 저자 강연회를 한 곳이 이 독서 모임이었다. 이것이 계기가 되어 지금까지 그 독서 모임에 참석하고 있다. 현재, 독서 모임 참석 횟수가 만 3년 이상이 되었다. 나는 좀 더 뜻깊은 일이 없을까 생각하다가 책 쓰기를 권했다. 내가 할 수 있는 가장 가치 있는 일이 책 쓰기라고 생각해서 제안했고, 다들 간절한 마음이었기에 드디어 공저 쓰기에 돌입하게 되었다.

독서 모임에서의 선배님들은 독서경력은 오래되었다. 이 독서 모임에서는 서로 호칭을 '선배님'이라고 한다. 누구나 서로 간에 배울 것이 있다는 의미로 선배님으로 부른다. 선배님들은 책을 읽은 계기도 기간도 각각 다르다. 책을 쓰고 싶다는 마음은 공통된 마음이었다. 내 경험으로 봤을 때도 책 읽는 사람에게 책 쓰고 싶은 마음은 당연하다. 나는 본격적인 독서 1년 만에 인생 첫 책을 썼다. 육아서부터 읽기 시작해서 책이 현실적인 문제 해결에 많은 도움이 되는 방법이란 것을 알게 됨으로써, 나도 그 누군가에게 책으로 도움을 주는 사람이 되어야겠다고 생각하게 되었다. 책은 삶의 멘토였다. 책의 저자는 나와 비슷한 경험을 먼저 한 사람으로서 수많은 해법과 노하우를 전수해 준다. 심리적인 부분뿐 아니라 정보적인 차원에서 알짜배기 도움을 주게 되는데, 나의 독서 경험을 나누어주자는 생각도 하게 된 것이다. 책을 읽는 사람은 누구나 이런 마음을 가지게 된다. 그래서 책을 읽는 사람은 책을 쓰고 싶은 사람이라는 공식이 성립되는 것이다.

공저 쓰기에 열 사람이 모였다. 우선 가장 먼저 해야 할 것이 온라인상 모임방을 만드는 것이다. 온라인 단톡방을 만들고, 그곳에서 공저 쓰기에 관해 소통했다. 장르는 자기계발서, 제목은 독서에 관련된 내용이다. 인생 첫 책을 쓰는 사람에게 가장 좋은 장르는 자기계발서이다. 자기계발서는 자신의 경험과 노하우를 메시지와 함께 쓰는 것이기에 글재주를 타고나지 않아도 방법만 알고 조금 익히면 가능하다. 공저 제목은 공저 글의 중심이 되는 것으로써, 내가 정했다. 제목은 출판사에서 다시 바꿀 수 있다. 제목으로 책의 생사가 결정된다고 말할 수 있기에 제목은 출판사에서는 마지막까지 심혈을 기울인다. 다음으로 할 것이 목차 만들기. 내가 하는 방식 그대로 안내했다. 제목을 중심으로 각자 쓰고자 하는 꼭지 제목을 만들었다. 꼭지 제목을 어떻게 만들어야 하는지 그 방법들에 관해서 자세히 설명했고 그 방식대로 선배님들은 꼭지 제목을 만들어나갔다. 10명 중, 중간에 2명은 포기했다. 8명이 한 사람당 5꼭지씩 정해서 목차가 드디어 완성되었다. 목차는 한번 완성하면 될 수 있으면 변동을 주지 않도록 강조하였다. 왜냐하면, 목차가 흔들리면 꼭지 글을 마무리하기 어려울 수가 있다. 끝까지 초고를 완성하기 위해서는 죽이 되든 밥이 되든 목차를 흔들림 없이 끝까지 가지고 가는 것이 유리하다. 나 자신도 한번 정한 목차는 될 수 있으면 바꾸지 않고 쓴다. 바꾸어도 된다고 생각하는 순간부터 내가 쓰기 어려운 꼭지 제목을 만났을 때, 또 바꾸고 싶은 유혹이 생긴다. 이것저것 자꾸 바꾸고 싶어지는 것이 사람 마음이라 주의해야 한다. 자꾸 바꾸게 되면, 처음의 목차와는 달리 다른 방향으로 나가게 된다. 사실, '어떻게든 이 꼭지 제목으로 글을 써보자.'라고 마음먹고 쓰면 못 쓸 꼭지 제목은 세상에 없다. 내 마음이 곧 문제해결의 실마리라는 사실을 글을 쓰면서도 수시로 느낀다.

각자 쓸 꼭지 제목이 완성되니, 목차가 완성되었다. 다음으로 할 일이 초고 완성 날을 정하는 것이다. 독서 모임은 2주에 한 번씩 했다. 코로나19 팬데믹 상황 때부터 온라인 모임으로 진행하고 있었다. 아침 8시부터 10시까지. 독서 모임 전에 참석 여부를 알려달라고 카톡 메시지를 단톡방에 올린다. 물론 회장을 맡은 분이 독서 모임이 있는 주중초에 올린다. 50~60명의 회원이 있지만, 사실 참석하는 사람만 주로 참석하게 되고 참석한다고 연서를 한다는 사람만 달게 된다. 그래도 이렇게 연서를 통해서 참석 여부를 간단히 확인할 수 있다. 나는 그 전 이런 방법을 생각하지 못했는데, 이 방법을 초고 완성 날을 정하는 데도 활용했다. 한 사람씩, 5꼭지 완성하는 날을 연서 달아 정했다. 초고 완성은 초고 쓰기 시작해서 대략 3개월 뒤로 잡았다. 지금으로 봐서는 초고 쓰기 기간이 너무 길었다. 공저는 1인당 많아도 6~7꼭지 정도 쓰면 되는데, 이 정도면 넉넉히 2달만 해도 충분하다. 그때는 3개월 동안 공저 초고 쓰기를 하기로 했다.

문제는 첫 꼭지 글쓰기이다. 내가 첫 책을 쓸 때의 경험을 돌이켜 보니, 첫 꼭지 글쓰기가 가장 어려웠었다. 최소 2개월 필사하기, 책 쓰기 주제 책 반복적으로 읽기, 이런 과정을 끝냈는데도 막상 내 글을 쓴다는 것은 쉬운 일이 아니었다. 그 이유를 가만히 생각해 보니, 그 동안 나는 내 주장을 할 일이 특별히 없었다. 직장에서 주어진 나의 일을 묵묵히 하면 되었고, 그렇게 사는 것이 당연한 삶으로 여겼었다.

글이란 것은 내 생각을 표현해야 한다. 어떤 주제를 잡고 그것에 대한 내 생각과 주장, 메시지를 가지고 있어야 글도 써지는 것이다. 그런데, 그렇게 살지 않았기 때문에 내 생각이 무엇인지 정확히 알 수가 없었고, 그러니 글쓰기도 어려울 수밖에 없었다. 조직에 순응하며 사는 직장인들은 이런 이유로 더욱, 글쓰기가 어렵다. 이 부분을 인지한다면, 조금씩 변화는 시작된다. 이런 인지를 위해서 우선 첫 꼭지 쓰기부터 해야 한다는 판단이 들었다. 공저 쓰는 선배님들에게 첫 꼭지 공지를 했다. 1주 반의 시간을 남겨두고, 1꼭지씩 단톡방이나 개인 카톡방으로 올려주면 피드백을 해드린다는 공지였다. 그 공지 후 딱 한 분이 첫 꼭지를 올렸다. 그리고 나머지 분들은 아무 답도 없고, 첫 꼭지 글도 올리지 않았다.

  1주일하고 반의 시간, 대략 10일의 시간이 지났지만, 첫 꼭지를 쓴 사람은 1명뿐이었다. 1꼭지라며, A4 용지 2장이나 2장 반이다. 평상시 2장 반을 쓴 경험은 거의 없었다. 직장에서 계획서를 작성하기는 하지만, 그것은 제 경험과 메시지를 쓰는 이야기 글이 아니다. 어떤 주제를 가지고 1장까지는 어떻게든 쓴다. 하지만, 딱 거기까지 할 수 있다. 2장이나 2장 반을 쓰려면 쓰기 전에 글을 구성해야 한다. 그것이 바로 서론-본론-결론이고, 이 각각에 대해서 알고 그것을 연결해서 쓰는 연습이 필요한 것이다. 문제는 자꾸 글을 써야 하는데, 안 써진다고 해서 글을 쓰지 않는다면, 더 쓸 수가 없는 것이다. 처음에는 그냥, 쓰는 것이 중요하다. 잘 써든 못 써든, 2장을 써서 다 버리는 한이 있더라도 그냥 쓰는 것이다. 제 경험과 메시지를 형식에 맞추어서 묵묵히 써나가는데, 의의를 두고 쓰는 것이다.

이렇게 첫 꼭지를 완성하고 꾸준히 쓰다 보면 쓰는 실력이 좋아진다. 목차를 만들고 꼭지 글을 쓸 때, 첫 장의 첫 꼭지는 나중에 쓴다. 마지막 장의 꼭지 글도 나중에 쓰라고 한다. 그 이유는 그 부분을 그래도 가장 정성 들여 써야 하기 때문이다. 독자는 목차와 첫 꼭지 글, 마지막 꼭지 글을 주로 읽어보고 구매를 결정한다고 한다. 출판사가 계약할 때도 원고를 그런 식으로 읽고 결정한다고 한다. 그렇기에 특별히 잘 쓰기 위해 어느 정도 그 글에 대한 몸이 풀린 상태에서 쓰라고 한다. 이 말은 곧, 꼭지 글을 쓴 만큼 잘 써진다는 것이다. 사실, 그렇다. 글은 쓰면 쓸수록 쓰는 것이 편안해지고 좋아진다는 것을 느낄 수 있다. 같은 목차 안에서도 첫 번째, 두 번째 쓸 때보다는 마지막에 쓸 때가 훨씬 자연스럽고 잘 써진다. 꼭지 글은 일정한 시간을 정해둔 후 당일 기분 따지지 말고 써야 한다는 것이 맞는 것이다.

책 1권 쓰기는 결국 1꼭지 글을 쓸 수 있으면 가능하다. 특히 첫 꼭지 쓰기 어려워하는데, 이 고비를 잘 넘겨야 한다. 누군가는 하루 만에 쓰기도 하지만 누군가는 2박 3일은 걸릴 수도 있다. 첫 꼭지는 여유롭게 자신의 스타일에 맞게 조바심 내지 말고 쓰면 된다. 첫 꼭지 글 쓰고 나면, 조금 자신감이 붙으면서 다음 꼭지도 한번 시도해 보자고 생각한다. 처음부터 완벽할 수 없다. 완벽히 하려는 생각 자체는 잘못된 생각이다. 처음부터 어떻게 완벽할 수 있겠는가? 오히려 실수하면서 어쨌거나 1꼭지 글을 자꾸 써내보자고 생각하는 것이 맞다. 평상시 성격이 완벽을 추구하는 성향이라면 꼭지 글을 쓸 때는 그런 성향을 조금 바꾸도록 하는 것이 좋다. 책을 쓰는 사람은 완벽을 추구하는 자체가 때론 독이 될 수 있기 때문이다. 첫 꼭지 무사히 써내고 한 꼭지 한 꼭지 써나갈수록 책은 완성되어 간다. 생각을 어떻게 하느냐에 따라 인생 첫 책의 출간 여부가 결정된다. 책 1권 쓴다고 생각하지 말고 이제부터는 1꼭지 글쓰기 하나하나 완성하면 책 1권은 자연스럽게 완성된다고 기억하자. 당신의 책 쓰기 응원한다.

제5장
직장인도 이제 책 쓰기다

언젠가는 직장을 떠난다

코로나19 당시, 담임교사 한 명이 보건실로 다급하게 전화했다.

"선생님, 다른 학교의 확진자와 농구했던 아이들이 우리 반에 3명이나 있어요. 운동할 때, 숨이 차서 마스크도 제대로 착용하지 않았다고 해요. 어떻게 해야 하나요?"

몹시 당황스러웠다. 1명도 아니고 3명이나, 그중 한 명이라도 확진이 된다면, 우리 학교도 난리가 날 것이다. 순간 앞이 깜깜했다.

"선생님, 일단 확진자와 함께 농구 했던 아이들을 2층 일시적 관찰실로 내려보내 주세요."

우선, 아이들을 2층으로 내려보내라고 하고 마음을 추스르고 있는

데, 또 다른 전화가 왔다. 아까와 비슷한 전화였다. 확진자와 접촉해서 농구했던 아이들이 또 있다는 것이다. 결국, 확진자와 농구를 한 아이들은 총 7명이었다. 일단, 교감에게 보고했다. 그리고 아이들을 코로나19 검사부터 받으라고 보건소로 보냈다. 아이들을 보내기 전, 보건소에 전화해서 질문했다. "K 학교 확진자와 3시간 동안 농구했던 학생들인데, 검사 부탁드립니다. 그리고 학교에서는 어떻게 대처하면 될까요?." 보건소에서는 아직, 우리 학교 아이들에 대한 존재를 인지하지 못하고 있었다. 밀접 접촉자를 파악하는 일은 확진자의 기억에 의존하기 때문에 충분히 있을 수 있는 일이었다. 결국 시차를 두고 밀접 접촉자는 확인할 수 있게 되는데, 접촉했던 우리 학교 학생이 빨리 발견된 것이었다. 이 또한 친구니까 서로 걱정이 되어서 연락을 한 것 때문에 알게 되었다. 우리 학교 아이들은 결국, 검사 결과가 나오기도 전에 자가격리 대상자가 되었다. 야외이기는 하지만 마스크를 벗었다는 이유로 격리 대상자가 된 것이다. 그동안 경험으로 봤을 때 마스크의 효과가 크다. 마스크를 벗는 상황만 아니었다면 코로나19 확진자가 옆에서 나왔다고 해도 검사에서 음성인 경우가 많았다.

퇴근 후에도 집에서 검사 결과 때문에 걱정이 되었다. 집안일이 손에 잡히지 않았다. 만약, 7명 중의 1명이라도 양성이 된다면 어떻게 대응해야 할지 머리가 복잡해졌다. 그 당시 4년 만에 복직한 첫해였기에 일을 잘 모르기도 했지만, 감염병 상황이 심각해서 오로지 코로나19 예방과 대응을 위해서 온 에너지를 집중했었다. 기존 업무보다 더 중요하고 시급한 일이라고 판단했기 때문이다. 다른 기존 업무에 여력이 부족해 누락이 될지언정, 학교 내 코로나19 예방의 역할에 충실한 것이 가장 중요했었다. 일주일에 2번씩 전체 방역 수칙에 대한 문자 메시지를 보냈다. 담임에게는 메신저를 통해 매일 같이 코로나 상황을 물었다. 방역물품은 수시로 생각날 때마다 결재하고 주문했다. 그동안 심혈을 기울여 노력했는데, 확진자가 생길 수 있다고 상상하니, 머리가 하얘졌었다.

새벽 일찍 일어나, 확진자 발생 시 대응계획을 다시 점검했다. 빨간 줄을 그어가면서 소리 내서 읽었다. 몸에 대응 시나리오를 익히려고 노력했다. 몸과 마음의 준비를 단단히 했다. 보통, 보건소에서 코로나19에 관한 검사를 할 경우, 보통은 다음 날 오전에 결과가 나왔다. 출근해서 결과를 기다렸다. 보건소도 코로나19 상황으로 일이 많은 것으로 예상하여 전화하지 않고 되도록 연락을 기다렸다. 검사 양성이 나오면, 보건소에서 개별 연락을 해주고 아이들은 담임에게 연락했다. 생각보다 일찍 두 아이가 먼저 연락이 왔다. 음성이라고 한다. 두 아이가 음성이면 다른 아이도 음성일 가능성이 크다는 생각에 긍정적인 마음이 되었다. 10년 묵은 체증이 순식간에 내려가는 느낌이었다. 나는 참지 못하고 보건소로 전화했다. 코로나19 관련 담당 부서가 세부적으로 구분되어 있었다. 보건소도 바쁜지, 7명의 검사 결과를 일일이 알려주기는 힘들다고 했다. 그러는 사이에 담임한테 아이들 음성이라는 연락이 또 왔다. 그래서 연락이 없는 2명만 확인 부탁했고 음성이란 이야기를 듣게 되었다. 7명 모두 음성이 나왔다. "야호!!", '전원 음성'이라는 결과가 그동안의 피로감을 한순간에 사라지게 했다.

직장을 다니면, 이런 마음 졸임의 순간들이 많다. 그럴 때마다, 에너지를 총동원해서 그것을 해결하기 위해 노력한다. 대부분 직장인은 그럴 것이다. 그래서 직장의 그런 일들이 나의 가정, 나의 삶에도 영향을 미치지 않을 수 없다. 직장보다 가정이 뒷전이 되기도 하고, 나의 삶은 항상 후 순위가 된다. 이렇게 열과 성을 다해도 직장은 언젠가는 떠나게 되어 있다. 열과 성을 다해서 직장의 일을 최선을 다해서 잠재 역량까지 발휘해서 일하는 것은 좋은데, 소중한 내 삶도 챙겨야 한다. 직장 일을 하느라 내 삶은 뒷전으로 한다면 안 되겠다. 그래야 나중에 허탈감도 줄고, 삶의 만족감도 높아지리라 생각한다. 2가지를 적당한 수준에서 힘 조절을 해서 챙길 수 있다면 가장 좋을 것이다.

직장 다니면서 현재와 미래의 삶을 챙기는 방법이 바로 책 쓰기라고 말하고 싶다. 나도 책을 쓰기 전에는 잘 몰랐다. 모르는 것이 당연하다. 도전하기에 다소 장벽이 높기는 해도 책 쓰기만큼 직장인들에게 긍정적인 영향을 미치는 것도 없다고 생각한다. 책을 더 읽게 하고 읽은 내용으로 새로운 아이디어를 얻어 새로운 분야의 도전을 시도하게 하는 책 쓰기는 직장인들이 필요로 하는 역량들을 성취할 수 있도록 자극한다. 나는 인생 첫 책을 쓰고 안타까운 마음이 한편으로 있었는데, 그것은 바로, 좀 더 일찍 책을 쓰지 못했다는 점이다. 만약, 내가 20대에 책을 썼다면 덜 방황했을 것이란 생각이 든다. 나는 사춘기 없이 고등학교를 졸업했다. 주변에서는 철이 일찍 들었다고 말했다. 하지만, 대학 졸업하고 그 사춘기라는 것이 찾아왔다. 나는 지금도 그렇게 보고 있다. 대학 졸업과 동시에 군 병원에서 의무 근무하게 된 나는 방황이라는 것을 시작했다. 퇴근 후에는 귀한 시간을 허투루 사용했다. 먹고 노는 시간으로 소비하고 나중에는 근무지에 가서도 피곤해 제대로 일을 못 하는 상황이 반복되었다. 시간이 지나도 마음의 중심을 잡지 못하고 귀한 젊은 청춘을 의미 없이 흘려보냈다. 이때 책 쓰기를 알았다면, 어땠을까? 가끔 생각한다. 정말 아깝다. 책 쓰기를 그때 알았다면, 나의 삶은 완전히 바뀌지 않았을까? 상상해본다. 30대, 40대도 다른 삶을 살았을 것이다.

그나마 50대에라도 책을 써서 천만다행이라고 생각한다. 반백 년 산 시간에 책 쓰기를 알게 되어서 너무나 다행이라 여긴다. 이 나이 때에 뭔가를 시작하기를 주저하는 경우가 많다. 하지만, 아니다. 도전에 나이의 한계를 두면 안 된다. 뭔가를 시작하기 위해 늦을 때란 없다. 50대에 책 쓰기를 도전한 것은 정말 잘한 일이다. 책 쓰기를 했기에 직장 생활도 더 활기차고 자신감 있게 할 수 있고 직장 후의 생활, 즉 퇴직 후에도 걱정 없다. 직장에 있는 동안은 직장에 모든 에너지를 쏟고 있지만, 직장에 뼈를 묻을 사람은 아무도 없다. 퇴직할 나이가 되면, 몸도 마음도 느리게 천천히 살아가야 하는 상태가 될 건데 준비는 직장에 있는 지금부터 하는 것이 좋다. 그 준비로 책 쓰기를 해보길 권한다. 퇴직 후의 삶에 책 쓰기만 한 준비가 또 있을까 싶다.

직장은 언젠가는 떠나게 되어 있다. 오매불망 간절히 바랐던 직장에 취직하게 되더라도 나이가 들면 그만두게 된다. 어쩔 수 없는 과정이다. 하지만, 직장에 있는 동안은 그 사실을 잠시 잊어버린다. 좋은 직장일수록 더욱 그렇다. 떠날 곳에서 일하는 직장인들이 잊지 말아야 할 것이 인생은 생각보다 길고, 직장은 내가 그만둔 이후에도 한참 동안 계속된다는 것이다. 많게는 30년을 넘게 살아가야 한다. 그런 시간을 위해서도 직장 생활만 열심히 할 것이 아니라 직장 후의 삶을 위해 새로운 재능을 발견하고 좋아하는 것을 계발해야 한다. 이것은 현재 직장 생활에도 활기를 주고 에너지를 샘솟게 한다. 반복되는 직장 일에 새로운 의미도 찾게 한다. 긍정적인 마음으로 직장의 일뿐 아니라 나 자신에 유익한 일들을 찾는 시간을 가져보자. 다시 한번 말하지만, 직장에서 영원히 사는 사람은 없다. 명심하자.

직장에서 당신의 꿈을 가져라

직장이 우리의 꿈은 아니다. 직장과 꿈을 별개로 생각해야겠다. 직장인이기 때문에 오히려 꿈이 있어야 한다. 직장 다니면서 꿈을 가지면 다른 삶을 살게 된다. 겉모습은 평범한 직장인이지만 실상은 보통 직장인과 다르다. 과거 직장 생활과 현재 직장 생활의 내 모습은 스스로 생각해도 크게 다르다. 현재 나는 매일 책을 쓰고 있다. 초고를 쓰든지 아니면 퇴고를 하든지, 최소 둘 중의 하나는 매일같이 하고 있다. 초고도 책 쓰기이고 써놓은 원고를 고치는 퇴고도 책 쓰기의 일부이다. 긴 글쓰기를 매일 직접 하기도 하고 수정하기도 하기에 항상 책을 쓴다고 볼 수 있다. 나는 책을 쓰면서 간절한 꿈이 생겼다. 사소한 것도 그냥 지나치지 않는다. 크고 작은 생각이나 비전들이 생겼다. 변했다. 직장에서나 가정에서나, 삶 전체에서 변화가 일어났다. 특별한 꿈도 없이 직장 생활만 성실히 하면 된다고 생각하며 살았는데, 그것이 당연하다고 생각했는데, 책을 쓴 후에는 아니다. 많이 달라졌다.

코로나19 당시 보건교사를 대상으로 한 교육청 주관 흡연 예방 교육이 있었다. 코로나19 상황이었기에 모든 대면 교육이 온라인 교육으로 바뀌었다. 근무지에서 듣는 교육인지라 어려운 점도 있었지만, 그래도 아주 유익한 교육이었다. 나는 조금 늦게 온라인 줌 모임 연수에 입실했다. 보건 일이라는 것이 항상 스탠바이를 해야 한다. 연수를 듣다가도 듣기 전에도 여러 변수가 발생한다. 언제 어디서든 아픈 학생들은 보건실을 드나들고 있다. 보건 관련 계획서 하나를 세우는데도 쉬는 시간이고 수업 시간이고 아이들이 보건실 문을 두드리기 때문에 일하나 처리하는 데도 시간이 많이 소요된다. 특별한 계획이 아니어도 그렇다. 어쩔 수 없는 일이라고 생각한다. 흡연 예방 연수가 있는 날도, 아픈 아이들의 처치를 우선으로 하다 보니 참석 시간을 놓치게 되었다. 교육청 메신저로 온 메시지를 미리 프린터 해두었기 때문에 zoom 앱을 열어, 프린터한 비번을 입력하고 입실했다. 이미 많은 사람이 입실해 있었다. 강사는 열강 중이었다. 연수 듣는 사람의 이름이 얼굴 밑에 표시가 되는데, 가끔 남자 이름이 있어 의아

했다. 물론 남자 보건교사도 있긴 하지만, 그 정도로 많지 않다. 알고 봤더니, 보건교사는 아니고, 학교 흡연 담당자였다. 주로 학생과 담당 선생님이 흡연 학생들을 지도하기에 흡연 담당자가 된다. 학교 실정에 따라서 그것은 차이가 있다. 강의를 듣다 보니, 채팅창에서 어느 학교, 누구 출석했다는 메시지가 계속 올라왔다. 강의자료를 보는 중에 채팅창의 메시지에 자꾸 눈이 갔다. 채팅창의 메시지가 나타났다가 사라지기 때문에 눈은 자동으로 그것을 확인하고 있었다.

출석을 알리는 메시지를 보면서 나도 고민했다.

'온라인 교육이라 출석 메시지를 올려야 출석 인정을 받는 거 아닐까?'

혹시 출석을 인정 못 받을까? 조금 염려가 되었다. 어렵게 교육을 받는 만큼, 불이익을 받고 싶지 않다는 심리가 발동했다. 한순간, zoom 채팅창에 100명이 넘게 메시지를 올렸다. 사람 마음이 다들 비슷했다. 처음 한두 명이 올릴 때는 그래도 특별한 마음이 안 들었다. 온라인 교육인 만큼, 접속하는 자료가 당연히 남을 것으로 생각이 들었다. 하지만, 너무나 많은 사람이 "J 학교, 교사 K, 출석했습니다."라고 올렸고, 그 메시지를 보는 사람은 올라오는 메시지에 흔들렸다. '나도 해야 하는 것 아니야?' 그런 생각이 들었다. 그래서, 교육청 메신저로 교육청의 보건 담당자에게 질문을 했다. "조금 늦게 입실하게 되었는데, 채팅창에 출석했다고 메시지 올려야 하는 건가요?"라고.

답변이 오기를 입실하면 기록이 남으니 굳이 올리지 않아도 된다는 것이었다. 군중심리에 나도 출석했다고 올릴 뻔했는데, 하지 않고 질문을 한 이유는 기록이 남을 것이란 생각도 있었지만, 채팅창 메시지가 강의에 집중하는데, 방해되었기 때문이었다. 나까지 그 방해에 보탬이 되어서는 안 되겠다고 생각했다.

별일 아닌 사소한 일에도 소신 있게 행동하는 습관이 생긴다. zoom 강의 중 출석 채팅 메시지 확인 여부는 특별하지 않은 아주 작은 일이다. 하지만, 책을 쓰고 나름의 인생 목표를 가지게 된 나는 이런 소소한 행동에서도 과거와 달라졌다고 여긴다. 꿈을 꾸는 사람은 자신의 꿈을 스스로 가꾸어나가야 한다는 것을 안다. 누군가 내 꿈을 이루도록 대신 적극적으로 나서서 도와주는 사람은 없다. 꿈은 오로지 자신의 노력으로 이룰 수 있는 것이다. 사실, 다른 사람은 나의 꿈에 관심이 없다. 각자 살기도 바쁘고 내 꿈도 모르는데, 남의 꿈에 무슨 관심이 생기겠는가? 주체적으로 내가 꿈을 이루는 것이다. 군중심리에 휩쓸려서도 안 된다. 내가 확인하고 내가 그 길을 찾아서 가야 한다. 이런, 꿈꾸는 사람의 행동 특성, 삶의 특성 때문에 직장에서 일할 때도 그런 특성들이 나타나게 된다. 꿈꾸는 사람의 삶의 방식은 장소 불문하고 자유로운 사고에 주체적인 행동을 한다.

꿈은 현실의 완충재 역할을 한다. 꿈이 있으면, 현실의 어떤 어려움이 닥쳐올 때라도 잠시 휴식할 수 있는 마음의 공간을 가지게 된다. 직장에서는 특별히 새로운 영역을 접하기 위해 전문 인원으로부터 도움을 받는 일 외에는 협력으로 일은 진행이 된다. 혼자만 잘해서 되는 일이 거의 없다. 서로 대화하고 협력해서 이루어야 할 일들이다. 그렇다 보니, 사람과의 관계에서 수시로 작고 큰 긴장의 불씨들이 생겨난다. 아무리 외향적인 사람이라도 마찬가지일 것이다. 직장인들의 스트레스 중 가장 큰 스트레스의 하나는 내 업무가 아닌 일들을 해야 할 때이다. 과거 근무지에서 보건실이 1층에 있었고, 현관문이 1층과 가깝다는 이유로 아침 일찍 출근하는 나에게 현관문을 열어놓으라고 말한 관리자가 있었다. 나는 좋은 마음으로 그것을 흔쾌히 수락했다. 하지만, 좋은 마음으로 한 그 일이 나중에는 당연히 내 일인 듯이 되었다. '현관 문지기 하려고 임용고시 시험을 보고 보건교사가 되었나?'라는 자괴감이 들었다. 좋은 마음으로 한 것이 결국, 나를 향한 화살이 되어 깊은 상처가 된다는 사실에 안타까웠다. 직장인이라면 직장에서 여러 스트레스가 있을 건데, 꿈이 있다면, 오히려 그 꿈 때문에 잠시나마 정신적인 피로를 풀 수 있다. 자신의 꿈을 가지려고 꿈을 상상해 봐야겠다.

　　꿈은 비록 현실에 일어나지 않았더라도 미래에 일어날 일로서 현재의 나에게 힘을 준다. 꿈은 내가 가장 하고 싶고, 되고 싶고, 갖고 싶은 어떤 것들이다. 꿈이 없는 사람도 있겠지만, 꿈의 가치를 인지하고 자신만의 간절한 꿈을 가지도록 해야 한다. 간절한 꿈이라면, 상상하는 것만으로도 에너지를 얻는다. 업무들로 파묻혀 있는 직장인에게 오아시스와 같은 역할을 하는 것이 바로 꿈이다. 책을 쓰기 전의 나는 직장이 나에게는 꿈이었다. 직장인에게는 직장만 있으면 되었다. 직장의 일 외에는 특별히 꿈이 필요 없다고 여겼다. 꿈을 꿀 시간도 그것을 위해 노력할 여유도 없기에 굳이 꿈을 꾸지 않으려 했다. 이것은 꿈의 표면만 알고 있는 경우이다. 책을 쓰면서 간절한 꿈이 생긴 나에게는 꿈의 존재 자체만으로도 다양한 현실 문제들을 해결할 힘을 얻고 있다.

직장인들에게 꿈이 무엇이냐고 물어보면 웃는다. 그 웃음의 의미는 어른이 무슨 꿈이냐 일지 모르겠다. 살기 바빠서 꿈을 뒤로한다. 아이 키우기에 바쁘고, 직장 생활하기에 바빠서 꿈은 도저히 상상도 못 할 일이라고 생각한다. 이 생각을 바꾸길 바란다. 꿈이 있기에 덜 바쁘게 되고, 바쁘게 살기보다는 내가 원하는 삶의 방식대로 사는 것에 비중을 두게 된다. 시간이 있어 꿈을 꾸는 것이 아니라, 꿈을 가짐으로써 시간과 여유를 찾게 되는 것이다.

직장인이기 때문에 오히려 꿈이 필요하다. 꿈을 가져야 한다. 꿈은 우리가 겪는 세상살이의 문제들을 더 잘 풀 수 있도록 힘을 북돋아 준다. 힘든 일이 있을 때, 꿈을 생각하고 현실인 듯 상상함으로써 잠시 마음의 안식을 찾을 수 있다. 마음의 안식은 문제에 다시 도전할 에너지를 충전시켜 준다. 바쁘기에 꿈을 꿀 수 없는 것이 아니라, 바쁘고 여유가 없기에 더욱 쉬어 갈 꿈이 필요한 것이다. 꿈은 아이들만의 전유물이 아니다. 어른도 직장인도 꿈이 필요하다. 꿈이 있을 때와 꿈이 없을 때의 삶은 천지 차이이다. 책 쓰기를 통해서 나만의 꿈을 가져야겠다. 그 꿈은 생각만 해도 내 기분이 좋아지게 한다. 수시로 꿈이 현실이 되는 것을 상상해보자. 내가 원하는 장소, 내가 원하는 장면, 내가 환하게 웃고 행복해하는 모습을 스스로 느껴보는 것이다. 내가 꿈의 주인공이 되어 실제 행동하는 모습도 그려보자. 그렇게 하면 꿈을 더욱 생생히 느낄 수 있다. 수많은 업무로 머리에 정신적 혼란을 경험하는 직장인에게 상큼한 비타민과 같은 꿈을 상상하시길 권해본다. 이제, 직장에서도 당신의 꿈을 갖는 것은 필수로 여겨진다. 책 쓰기가 당신의 진정한 꿈을 갖는데, 도움이 될 것이라 나는 확신한다.

책을 쓰면 꿈이 명확해진다

아침에 일어나서 멍한 그 시점에 나는 얼른 오늘 할 일을 메모한다. 메모하고 나면, 머리가 반짝반짝 되살아나는 느낌이 든다. 지금 내가 사용 가능한 시간부터 계산한다.

현재 시각 : 06:21
1꼭지 쓰기 : 06:21~07:21 (1시간 도전!)

아침 시간에 나에게 주어진 시간은 많아야 1시간 30분 정도이다. 하지만 짧은 이 시간이 아침에는 엄청난 몰입의 시간이 된다. 그렇기에 어떤 작가는 아침의 1시간이 낮의 3시간 이상의 밀도 있는 시간이 된다고 말했다. 나 또한 그 말에 공감한다. 그래서 아침 시간은 10분이라도 아깝다. 내 삶에서 가장 중요한 일들을 이 아침 시간에 하려고 노력한다. 그 중요한 일이라면, 글쓰기이다. 글쓰기에서도 1꼭지 글쓰기. 책 쓰기를 위해서 꼭 필요한 1꼭지 글쓰기에 대한 욕심을 내고 있다. 직장을 다시 나가면서, 내 개인적인 시간은 줄어들었다. 아침, 아이들을 챙기기 전, 바로 이 시간이 내가 사용할 수 있는 시간이다. 그래서 오늘도 현재 시각을 적고 나에게 가장 중요한 일, 즉 1꼭지 글쓰기에 투자할 시간 계획을 메모했다.

이렇게 할 일을 메모하고 시작하면 추진력과 집중력이 생긴다. 사실, 아침 시간이 영감을 주는 시간이기에 어떤 생각이 머리에 들어오면 그 생각에 깊이 들어가게 된다. 책 쓰기에 관한 생각 외에도 다른 생각도 마찬가지이다. 내가 원하는 생각으로 일하기 위해서 메모가 필요했다. 생각의 방향은 특별히 정해지지 않았기 때문이다. 이렇게 메모를 시작하고 나면 그다음에는 행동이 따른다. 1꼭지 쓰기 위해 오늘 쓸 꼭지 제목을 확인하고 사례를 찾기 시작한다. 개요를 간단히 적고, 이제 본격적으로 쓰기 시작한다. 아침 사용할 시간이 한계가 있기에 본론까지만 쓸 수도 있고, 잘 써진다면 운 좋게 1꼭지를 마무리할 수도 있다. 어디까지 쓸지는 처음부터 신경 쓰지 않고, 쓰는 그 일에만 집중한다. 간단한 메모가 해야 할 일을 분명하게 만들어 그 방향으로 바로 행동하도록 발동을 걸어준다.

아침 시간을 보내는 나침반이 메모가 되었듯이 책을 쓰면 책이 내 인생의 나침반 역할을 한다. 그동안 써온 내 책들과 현재 나의 모습은 거의 닮아있다.《새벽 시크릿》을 쓰고 난 뒤, 나는 새벽에 관한 믿음이 더욱 단단해졌다. 꼭두새벽에 일어나는 것은 아니지만, 그래도 다른 사람에 비해서는 이른 아침에 일어나고 그 습관을 꾸준히 유지하고 있다. 복직한 후에 개인 시간이 부족하여 기상 시간을 조금 더 당겨야 한다고 생각하고 있다. 아직도 직장에 적응할 것이 있기에 어느 정도 시간이 지나고 4시 기상을 도전해 볼 생각이다. 4시에 일어나게 되면 아침 시간, 최대 3시간은 확보할 수 있다. 3시간의 시간이라면 책도 읽고 글도 쓰고 SNS 활동도 하면서 좀 더 만족감을 느끼는 삶이 될 것이다. 상상만 해도 행복해진다. 인생 첫 책인《하루 한 권 독서법》을 씀으로써 읽는 것에 대해서 더욱 유연해졌다. 본격적으로 육아서를 읽기 전에는 책은 공부하듯이 한자도 빠트리지 않고 읽었다. 책을 재미로 읽기보다는 의무감으로 읽었다. 하지만, 육아서를 통해서 하루에 한 권씩 읽게 되었고 나중에는 반복된 부분은 빼고, 빠르게 읽었다. 당면문제를 주제로 책을 선택하고 필요한 부분만 하루 한 권씩 읽어내도 전혀 문제가 되지 않았다. 오히려 유익한 정보를 빠르고 많이 얻을 수 있었고 많은 정보를 바탕으로 나만의 육아와 교육에 대한 방향을 잡을 수 있었다. 재미를 느낀 것은 말할 것도 없었다. 책은 할 글자도 빠짐없이 완벽히 읽어내는 것보다 중요한 것이 삶의 변화라는 것을 온몸으로 느끼게 되었다. 방법과 목적이 전도되지 않는 독서법이 바로 하루 한 권 독서법이구나 하는 생각과 함께, 나는 지금도 그렇게 책을 읽고 있다. 꼼꼼히 읽는 책도 있지만, 마음만 먹으면 언제든지 하루 한 권 독서법이 가능하게 된 것이다. 하루 한 권 읽기를 강조하기 위해 책을 쓴 후, 그 가치를 더 명확히 알게 되고, 나의 삶에 현재도 적용하며 살고 있다. 기타 책 쓰기 주제의 출간한 책들은 지금도 나의 책 쓰기의 길라잡이가 되고 있다. 책을 쓴 것은 나의 경험과 노하우를 독자에게 공유하기 위한 마음으로 썼지만, 결국 내 삶의 나침반이 되는 것이다. 이것이 책을 써야 할 이유이고 직장인들이 바쁘더라도 책 쓰기를 도전하고 멈추지 말아야 할 원동력이다.

책을 쓰게 되면 꿈도 찾게 된다. 책을 쓰는 과정을 생각하면 이것을 이해하게 된다. 1꼭지 1꼭지가 모여서 책이 되는데, 평상시 1꼭지 쓰기 즉, A4 2장 쓰기를 연습한다면 책 쓰기는 쉬워진다. 또한 1꼭지를 쓰는 과정을 관찰해보자. 1꼭지는 나의 사례와 나의 메시지로 구성된다. 큰 틀은 서론-본론-결론이지만, 작은 틀은 사례와 메시지를 겹겹이 쌓는 구조이다. 내 사례를 찾을 때는 과거 삶부터 훑어서 현재까지 내려온다. 1꼭지 쓸 때마다 이 과정이 머릿속에서 반복된다. 책 1권이 40꼭지라면 40번 이상, 아니 그 2배인 80번 이상을 되풀이해서 회상하고 생각한다. 지나온 삶부터 현재의 삶, 앞으로의 삶까지 생각하는 것이다. 과거, 내가 좋아한 것들, 내가 하고 싶은 것들, 그 당시 나의 꿈들도 생각한다. 여러 번 과거를 생각하다 보니 잊고 산 꿈들이 생각나기도 한다. 지금, 나는 운동을 거의 못 하고 있지만, 과거부터 나는 운동을 좋아하고 남들보다는 조금 더 잘했다는 생각이 났다. 중학교 때는 사격 담당 선생님이 교문에서 등교하는 나를 기다렸다가 사격을 권하는 설교를 자주 하셨던 것이 기억이 났다. 선생님께서는 발목이 가늘어서 운동하기에 적합한 체격이라고 칭찬했다. 그 당시에 운동하면 노는 아이가 될 것 같은 불안감을 가졌던 엄마가 강력하게 반대해서 운동선수가 되지는 못했지만, 엄마가 반대하지 않았다면 지금쯤, 운동선수가 되어 있었을 수도 있겠다 싶다. 지나온 추억들이 새록새록 되살아난다. 기분 좋은 상상이다. 잊었던 추억 외에도 책 쓰기를 통해서 새롭게 나의 욕망을 발견하기도 한다. 나는 책 쓰기에 대한 가치를 매우 중하게 느끼고 있다. 그래서 매일 쓰고 있고 미래의 계획도 책 쓰기와 관련된 일을 하고자 생각하고 있다. 내 아이들에게도 책 쓰기는 꼭 가르쳐야 할 부분이라 판단하고 있다. 아이도 잘 키우고 인생 목표도 책을 씀으로써 가지게 되었다.

    나는 책 쓰기와 관련된 꿈을 가지고 난 뒤, 직장에서 활력을 얻었다. 4년 만의 복직이 호락호락하지 않았다. 시작부터 두려웠다. 학교에서 보건이란 역할이기에 학교 안에서 도움을 받을 수 있는 사람도 없다. 오로지 혼자서 보건 업무에 대한 정보를 얻고 익혀야 한다. 물론 학교에서도 많은 도움을 주었다. 오랜 기간 휴직을 했다는 특수한 상황을 고려하여 여기저기에서 홀로서기를 할 수 있도록 알게 모르게 도왔다. 덕분에 힘을 얻었다. 그리고 또 하나, 적응 기간이 쉽지 않았지만, 마음의 활력을 유지할 수 있었던 것은 책 쓰기에 대한 열망과 욕심이 복직 후에도 여전히 살아 있었기 때문이다. 글쓰기를 통해서 쌓인 스트레스를 해소했다. 마음의 평안과 우울감도 책 쓰기가 있었기에 종이에 풀어내면서 극복할 수 있었다. 여러 면에서 책 쓰기가 나의 복직에서도 많은 도움이 되었고 내가 책 쓰기를 할 수 있어서 천만다행이었다.

책을 쓰면 꿈이 명확해진다. 왜냐하면, 1꼭지 글을 쓸 때마다 지나온 과거의 삶을 되새겨보고 현재와 미래를 어떻게 살 것인지 명확해지기 때문이다. 필요한 사례를 내 안에서 찾는 과정에서 잊었던 꿈을 찾기도 한다. 직장인에게 없던 여유를 책을 쓰면서 가지게 된다. 잊었던 과거들이 새록새록 종이 위에 쓰인다. 그때의 감정들이 되살아나고 새로운 과거 조명의 시간이 된다. 과거의 기억이 현실에 새로운 의미를 부여하고 창조의 원천이 된다. 책을 쓰는 동안 자신의 새로운 관심거리를 발견하기도 한다. 생각지도 않게 쓰는 것에 재미를 느끼게 된다. 때론 버거운 직장 일들 속에서도 삶의 활력을 잃지 않는다. 이것이 새로운 꿈의 계기가 된다. 쓰기의 다양한 효과가 있다. 가장 큰 효과는 심리적인 부분의 해소일 것이다. 직장인에게 필요한 스트레스 해소법, 글쓰기만 한 것이 없다. 쓰면서 자신의 감정을 다스리고, 새로운 깨달음을 얻는다. 또한, 수시로 쓰는 삶을 살게 되므로 부차적인 결과물도 얻을 수 있다. 책 쓰기가 다른 스트레스 해소법보다 탁월한 이유가 이것이다. 다양한 쓰기의 효과들은 부수적인 혜택, 잊었던 꿈을 찾고, 새로운 꿈을 얻게 하는 책 쓰기는 직장인들이 반드시 도전해야 할 부분이다.

생각이 책이 되고 책이 내 현실이 된다

1꼭지의 글을 쓰기 위해선 내 생각이 무엇인지를 알아야 한다. 문제는 생각이 중구난방 너무 많다는 것이다. 생각을 한 가지 주제로 모아서 집중해야 한다. 생각들은 의도하지 않아도 튀어나온다. 정말 튀어나온다는 표현이 적절하다. 나는 지금, 이 순간 꼭지 글을 쓰고 있는 동안에도 다른 생각을 한다.

"수홍이, 방과 후 수업을 신청해야 해. 아이가 축구를 좋아하는데, 잊지 말고 신청하도록 돕자."

코로나19 상황일 때는 글을 쓰다가 뜬금없이 이런 생각도 했다.

"코로나19 상황에서 우리 학교는 학생들 무사히 잘 지내고 있어서 다행이야. 코로나19 상황이 빨리 끝나고, 원래의 모습대로 생활했으면 좋겠다. 학교 일도 좀 줄고, 코로나19로 인해 일은 10배 이상 많아졌어. 이제 끝났으면 좋겠다."

밑도 끝도 없는 생각들이 이어진다. 정작 해야 할 생각은 이 꼭지 제목과 관련한 나의 메시지와 경험들인데 말이다. 잡다한 생각들을 누군가는 '몽키 마인드'라고 했다. 원숭이처럼 이 생각 저 생각으로 옮겨 다니기 때문이다. 우리는 수많은 생각들로 인해 생산적인 일을 오히려 방해받는다. 우리 뇌는 날마다 5만에서 7만 개 정도의 생각을 한다고 한다. 하루 24시간 내내 깨어있다고 가정했을 때 2초마다 한 가지 이상을 생각한다는 의미이다. 직장에서도 마찬가지이다. 너무 생각이 많아서 일의 효율성이 떨어진다. 생각들을 한 가지로 모으는 연습이 필요한데, 책 쓰기가 그 방법이 된다. 책도 쓰고, 생각도 내가 원하는 대로 한 가지에 집중하는 것을 반복 연습할 수 있다. 결국 책 쓰기는 생각 관리 능력을 키울 수 있고 책까지 써서 그 책이 삶의 이정표가 되는 아주 가치 있는 일이다.

코로나19 당시였다. 출근해서 노트북을 켜보니, 메신저가 여러 개 와 있었다. 다른 날보다 유독 많았다.

'무슨 일 있나?'

라는 생각과 함께 메신저를 하나하나 열어보았다. 아뿔싸! 바로 옆 중학교에서 코로나19 확진자가 발생했다는 것이다. 우리 학교와는 같은 담을 함께 사용하고 있다. 엎어지면 코 닿을 곳에 있는 이웃, 학교 이름도 비슷하다. 급만 다르다. 그곳은 중학교, 내가 있는 곳은 고등학교이다. 거의 한 몸과 같은 학교이다. 전염병이 돌고 있는 상황에서는 더욱 그 영향이 직접적일 수밖에 없다. 내가 출근 전에 유능한 교사들은 동생이 옆 학교에 다니는 아이들을 벌써 파악하여 이미 귀가시킨 상태였다. 빠른 대응, 명확한 대응이었다. 역시 그 전 경험이 알게 모르게 대응 역량을 높였다. 사실, 나는 옆 학교까지는 생각해보지 못했다. 내 학교, 우리 학교만 비상시 방역 교육과 관리를 잘하면 된다고 근시안적으로 생각했는데, 생각지도 못한 곳에서 일이 발생한 것이다. 옆 학교에 동생이 있는 학생들은 다행히 20명 정도였다. 그리고 확진자가 나온 반에 동생이 있는 학생은 3명, 이 3명에 주의를 집중해야 했었다.

    퇴근해서 확진자 발생했을 때 대응 매뉴얼과 미리 세운 계획서를 탐독했다. 평상시에도 수시로 대응 매뉴얼은 읽고 있었다. 확진자는 언제든지 발생할 수 있는 상황이었기에 인쇄한 계획서를 항상 가지고 다녔다. 한 장짜리 시간별 대응 수칙도 코팅해서 한 번씩 훑어서 읽었다. 사람의 적응력은 놀랍다. 이런 세세한 부분까지 누군가 알려주지 않더라고 학교 감염병을 대처하기 위해 스스로 이 방식을 발견했다. 한 장짜리 코팅한 것은 특히 유용했다. 한 장이라서 반복해서 보기 편하고 들고 다니기도 손쉬웠다. 그러면, 핵심 대응책을 잊어버리지 않는다. 어찌하였든, 그런 평상시 행동 외에 우리 학교가 아니라 바로 옆 학교이지만, 확진자 발생했을 때 다시 한번 더 만반의 준비를 해야 한다. 이런 준비는 확진자가 더 확산하는 것을 막기 위함이다. 퇴근 후 나는 매뉴얼을 읽고 또 읽으면서 내 몸의 일부처럼 되도록 노력했다.

매뉴얼과 계획서를 읽을수록 그 내용에 익숙해진다. 매뉴얼은 주로 내려온 공문을 근거로 한다. 내가 만든 것은 아니지만, 매뉴얼을 반복할수록 나는 그 매뉴얼 대로 더 잘 대응하게 된다. 계획서는 더욱 나의 행동에 변화를 만들어낸다. 계획서는 매뉴얼을 바탕으로 내가 만든 것이다. 내가 만들었기에 그것을 바탕으로 나는 행동함으로써 확진자 대응을 잘 할 수가 있다. 개인이 계획서를 통해서 자신이 원하는 삶을 만들어 나가듯이, 직장에서의 계획서도 그런 역할을 해준다. 지장의 존재 이유에 충실하도록 그 계획서가 나침반이 되는 것이다.

책은 그 책을 쓴 저자에게 평생 영향을 미친다. 보통, 한 가지 관심 있는 주제를 정해서 그 주제를 중심으로 생각과 경험을 모아서 책을 쓰게 된다. 여러 꼭지 글에 내 생각들을 명확하게 정리한다. 목차를 바탕으로 소제목이라고 하는 꼭지 제목을 만들어 40개의 꼭지 글을 모으면 한 권의 책이 된다. 생각 하나하나가 꼭지 제목으로 만들어진다. 꼭지 제목을 보고 꼭지 글을 쓰는데, 쓰는 동안, 다양한 방식으로 꼭지 제목에 관해서 세세하게 글로 쓴다. 꼭지 제목은 내가 하고 싶은 말, 즉, 메시지가 된다. 그 메시지에 대해서 그렇게 생각을 하게 된 배경, 이유, 구체적인 나만의 해결법, 다양한 경험과 노하우를 그 꼭지 글로 써낸다. 쓰는 동안, 나는 엉켜있던 생각의 실타래를 풀어낸다. 한마디로 글을 쓰면서 복잡한 생각이 정리된다. 우리 수업을 들을 때 노트에 필기하는 것과 같은 효과가 책을 쓰면 일어난다. 선생님 이야기를 듣고 내가 쓰기 위해 머리로 정리를 해야 한다. 쓰고 나서 다시 읽어보면, 머리에 있던 것이 다시 정리된다. 정리의 반복이다. 만약, 새벽에 대한 가치를 사람들과 공유하고 싶어서 새벽에 대한 주제로 책을 쓴다고 가정해보자. 목차를 만들면서 나는 새벽에 대한 무의식의 바닥까지 내려가서 정리하게 된다. '아, 이런 부분도 있군, 맞아, 새벽 시간에는 나의 무의식이 발동하는 시간이야, 그래서 무엇이든 집중해서 내가 원하는 것을 효율적으로 해낼 수 있었어.'라고 새로운 인식과 자각이 생긴다. 그것이 바로 책 쓰기이다.

    책을 쓰고 나면 또한 그 책은 평생 나와 함께 해주는 좋은 멘토가 된다. 주변에 멘토를 가진 사람은 많지 않다. 내가 오랜 시간 육아로 휴직하고 복직했을 때 가장 아쉬웠던 것은 가까이에 편하게 질문할 수 있는 멘토가 없었다는 점이다. 물론, 같은 보건교사끼리 연락은 해서 많은 것을 질문하고 답을 얻어 도움을 받았지만, 다른 보건교사도 바빠서 꼭 필요한 내용이나 도저히 혼자서 알지 못할 내용, 중요한 내용 위주로 추려서 물어보았다. 하지만, 만약, 바로 옆, 가까이에 질문할 수 있는 멘토가 있었다면 어땠을까? 시간을 아껴 좀 더 유익한 업무에 에너지를 쏟지 않았을까 하는 생각이 든다. 그래서 그랬던지 처음에는 나도 모르게 단시간에 몸무게가 3kg이나 빠졌었다. 혼자서 해내기에 에너지 소모가 많이 되었다. 인생의 멘토는 소중하다. 책이 나의 든든한 인생의 멘토가 되어 주기도 한다. 책을 쓴 사람이라면 내가 쓴 책이 삶의 멘토가 된다. 작가는 자신이 쓴 책대로 살아간다. 양심상, 책을 쓰고 다르게 살 수 없다. 내가 한 말에 책임을 져야 하듯이 내가 쓴 책에도 책임을 지게 된다. 출간한 책의 수만큼이나 나를 든든히 세우고 긍정적으로 살아가도록 도울 멘토의 수도 늘어나게 된다.

생각을 한 곳으로 집중해서 써내면 책이 되고, 이 책이 현실을 변화시킨다. 책을 출간하기 전에는 직장에서의 삶과 퇴근 후의 삶이 따로 있었다. 2가지의 삶을 살아간다는 느낌이었다. 직장은 직장이고 퇴근 후의 삶은 퇴근 후의 삶이었다. 하지만 지금은 직장의 삶이 글의 재료가 되고 퇴근 후에 모인 자료로 글을 쓰겠다고 생각하고 그렇게 삶을 만들어가고 있다. 우리는 생각한 대로 살아간다. 어떤 생각을 하느냐에 따라 결과물도 달라진다. 꼭 결과물이 있어야 하는 것은 아니지만 그래도 좋은 결과를 마다할 사람은 없다. 특히 내 이름이 적힌 책이라면 누구나 원하는 것이다. 책을 쓰는 동안에도 나는 내 생각들을 정리하게 된다. 미처 생각해보지 못한 아이디어도 발견한다. 그런 생각이 멋진 글로 바뀌고 한 권의 책이 되는 과정을 거치고 세상에 책으로 나오게 되면, 그 이후에는 책이 나의 멘토 역할을 한다. 직장에서 힘든 일이 있더라도 책으로 위안 삼고 책으로 내가 살아가야 할 방향을 다시 찾게 된다. 소소한 일상사뿐 아니라, 나의 인생 목표에 충실한 삶을 내 책들이 안내해준다. 내 생각이 책이 되고 책이 나의 현실이 됨을 다시 한번 가슴에 새기자.

책 쓰기 아무나 못 한다고 포기하지 마라

어렵다고 생각하는 일들이 있다. 하고 싶지만, 나의 수준에서는 도저히 불가능할 것처럼 느껴지는 일들이다. 점점, 그 부정적인 생각들은 확신에 가까워지고 더욱 두려워진다. 하지만, 그런 일도 내가 어떻게 생각을 바꾸느냐에 따라서 달라지고 오히려 새로운 삶의 계기가 된다.

나는 4년 만에 복직했다. 늦은 출산으로 아이들이 어리고 여러 집안일이 복합적으로 발생하여 휴직했었다. 시간은 쏜살같이 지나고 어느새 4년을 보냈다. 너무 오랜만에 출근하려고 하니 두려움이 앞섰다. 공백 기간이 길었는데 '내가 잘 해낼 수 있을까?'라는 생각들이 머리에서 떠나질 않았다. 그래서 2월부터 출근했다. 인수인계도 받아야 했지만, 특히 그 당시가 코로나 팬데믹 상황이라 학년이 시작되기 전에 미리 준비해야 할 것이 많을 것으로 생각했다. 인수인계를 받는 동안, 머리는 그야말로 정신적 혼란 상태였다. 그 당시에 가장 어려웠던 것이 내가 무엇을 알아야 하고 무엇을 해야 하는지 그 자체를 잘 모른다는 사실이었다. 너무나 몰라서 두려웠다. 혹시나 내가 해야 할 일을 놓쳐서 학생이나 다른 직장 동료에게 피해가 가지 않을까? 큰일이 발생하지 않을까? 라는 염려를 했다. 특별히 방법이 없었다. 학교에서 보건 관련 일은 보건 교사가 가장 잘 알아야 한다. 학교 안에서는 그 누구한테 물어볼 수도 없는 상황이다. 학교 밖의 다른 보건 교사의 도움을 받아 일에 대해서 조금씩 알아가면서 학교 건강을 지키기 위해 노력했다.

나는 "상상과 반복"을 근무서는 데도 활용한다. 상상 속에서 내가 이루고자 하는 일, 가장 중요한 업무에 대한 행동을 정해보았다. 학교 보건 교사로서 당시, 가장 중요한 일은 코로나 대응이었다. 확진자가 발생했을 때 어떻게 대응할 것인지 상상해 보았다. 우선 크게 2가지로 나누어 보았다. 수업 중에 확진자 통보를 받았을 경우와 수업 전에 확진자 통보를 받았을 때였다. 수업 중에 확진자가 발생했을 때, 가장 중요한 것은 밀접 접촉자를 파악하는 것이었다. 담임이 주축이 되어서 확진 학생과 가깝게 지낸 학생이나 주변 사람들을 찾아낸다. 보건소에서도 또한 밀접 접촉자 조사를 해서 코로나19 검사할 대상을 정했다. 범위에서 서로 간 차이가 있다면 적절히 조절해서 포괄적으로 검사대상자를 확정한 뒤에 나머지 학생들은 귀가 조치했다. 밀접 접촉자를 제외한 학생들이 귀가한 후 학교 내에서 선별진료소를 설치하여 검사가 진행되었다. 만약, 학생이 2학년이라면 2학년 전체를 대상으로 전수조사가 이루어진다. 확진자의 활동 노선이 명확하지 않다면, 학교 인원 전체가 검사를 받는 전수검사를 시행하게 된다. 수업 전, 즉 등교 전에 확진자 발생 소식을 들으면 아이들 귀가 조치하는 업무가 생략된다. 나머지 과정은 수업 중에 발생했을 때와 비슷하다. 이렇게 업무 파악이 된 후에 이것을 내 것으로 만들기 위해 매일 반복해서 이 과정을 머릿속에서 생각했다. 말로도 한다. 그리고 확진자 발생한 상황 안에서 움직이는 나의 모습을 내가 들여다봤다. 좀 더 잘 기억하기 위해 가장 중요한 핵심 업무를 정해서 그것을 내가 행동하는 것을 상상하기도 했다. 확진자 발생했을 때 해야 할 중요한 행동은 원활한 소통과 상황 관리이다. 학교 내 코로나 검사 중심에서 소통하는 나의 모습을 단일한 행동으로 정해서 매번 상상했었다.

책 쓰기에서도 마찬가지로 이런 상상과 반복이 필요하다. 상상과 반복을 통해서 마음에서 먼저 책 쓰기가 익숙해져야 한다. 마음에서 낯선 것들은 결국 현실에서도 발생하지 않는다. 뭔가 성과를 위한 것들을 마음에서 먼저 달성해 보아야 한다. 독서 모임에서 진행했던 공저 쓰기에서는 2부류의 사람들이 있었다. 잘 쓰든 못 쓰든 첫 꼭지를 써내는 사람과 또 다른 유예기간을 두면서 첫 꼭지를 쓰지 않는 사람이다. 유예하는 사람들은 20일 뒤까지 쓰기로 연기했다. 한 가지 염려스러운 것은 인생 첫 꼭지 쓰기를 미룰수록 어려워질 수 있다는 것이다. 잘 쓰든 못 쓰든 그 결과에 신경 쓰지 말고 그냥 A4 2장을 써냈으면 하는 마음이었다. 그래서 급하게 1주일 만에 첫 꼭지를 먼저 쓰고 그다음 할당된 4꼭지는 자신의 여건에 맞추어 조절해서 쓰자고 제안했다.

 책 쓰기 경험으로 봤을 때, 일단 쓰는 것이 중요하다. 1꼭지 글을 쓰는 것이 쉽지 않을 수 있지만, 완전 쓰레기 글이 될지라도 쓴다는 각오로 A4 2장을 채워나가는 것이다. 이렇게 쓰고 정말 아니라고 생각된다면, 100% 수정하거나 아니면 쓴 글을 버리고 새로 써도 된다. 그렇게 해도 남는 장사이다. 책 쓰기에서 쓴 만큼 자신한테 유리한 것이다. 1꼭지 쓴 만큼 나의 글쓰기는 성장해 있다. 한 번에 달성되는 것은 없다. 금방 만족할 수 있는 결과가 나오는 것은 불가능하다. 자신의 심리를 잘 들여다보아야 한다. 내가 쓰지 못하는 이유가 잘 쓰려는 욕심 때문이라면 그 욕심이 쓰는 것을 방해하고 있다는 점을 인지해야 한다. 잘 쓰려고 뜸을 들인다면 그것만큼 1꼭지 쓰는 시간은 지연되고 지연된 만큼 글쓰기에서는 마이너스가 된다. 처음 쓰는 데 잘 쓰는 것이 가능하다고 전제하고 있다는 사실 자체가 나는 어리석은 사람이라고 말하는 것과 같을 수 있다.

쓰지 못하는 사람 중에 아직도 쓰는 것을 '나는 못 해!, 라고 자꾸 되뇌면서 반복하는 사람이 있다. 며칠 전에 보건실을 찾은 학생 중에 알약을 못 먹는 아이가 있었다. 고3 여학생인데, 이제 곧 20살이 되어 가는 학생이 알약을 못 먹는다는 사실이 놀라웠다. 그래서 "오늘부터 알약 먹기는 나에게 문제가 되지 않는다."라고 선포하게 한 후 아이와 함께 학생이 알약을 먹을 수 있도록 도와주기 시작했다.

"알약은 밥을 먹는 사람이라면 누구나 먹을 수 있어. 알약을 입안 깊이 넣고 꿀꺽 삼킬 만큼의 물을 입안에 넣고 고개를 들고 한꺼번에 물을 삼켜. 그러면 물 안에 있던 알약도 함께 삼켜지는 거야."

아이는 민망해하면서 내가 말하는 대로 따라서 했다. 아이는 결국 알약을 삼켰다. 그동안 왜 알약을 못 먹었는지 이해가 가지 않을 정도로 알약을 잘 삼켰다. 이 아이는 그동안 자신은 알약을 못 먹는다고 한계를 그어 놓았었다. 그리고 한계대로 시도하지 않았을 것이다. 시도했더라도 마음은 여전히 실패할 거야, '나는 그동안 알약을 못 먹었잖아.'라는 생각에 스스로 지배당했었을 것이다. 생각을 바꾸고 주변의 도움을 받아 다시 시도했을 때 쉽게 알약을 삼킬 수 있었다. 쓰지 않고 있는 사람도 그동안 쓰지 않았기에 자신에 대한 불신이 있다. 시간이 지나면 쓸 수 있을 것이라 스스로 합리화하며 쓰지 않는다. 부정적인 생각은 아예 하지도 말고 그냥 써야 한다. 1꼭지 쓰기, 처음이니까 잘하지 못해도 된다고 생각하고 그냥 평상시 말하듯이 죽이 되든 밥이 되든 쓰면 되는 것이다. 그렇게 시작해서 여러 꼭지 쓰다 보면, 자신만의 방식이 생기게 된다.

책 쓰기 아무나 못 한다고 생각했기 때문에 그동안 쓰지를 못했다. 왜 항상 나는 스스로 쓰지 못한다고 못을 박았을까? 그렇게 하는 것이, 쓰지 않아도 심적으로 편해서일까? 마음이 편할지는 모르지만, 책을 썼을 때의 만족감과 행복감을 그 마음에서 탈출하기 전에 영원히 경험하지 못할 수 있다. 직장인에게 책 쓰기만큼 좋은 일도 없다. 직장에서 낮에 하지 못한 말이 있다면 저녁이나 새벽에 글로 토해내 볼 수 있다. 좋은 일, 나쁜 일, 남들에게 공유한다면 좋은 깨달음의 나눔이 될 것이다. 직장인의 삶 전체가 가치 있고 귀한 배움의 나눔이 되는 것이다. 책 쓰기 아무나 못 한다고 포기하지 말고 "책 쓰기, 나도 할 수 있다."라고 외쳐보고 도전해보자. 도전하면 성취할 수 있다. 책 쓰기 성공, 특별한 사람만의 전유물이 아니라 그 누구나 가능하다. 책 쓰는 삶, 그 누구도 예외가 아니라는 사실을 믿고 가보자.

책 쓰기 가치를 궁금해 해라

나는 책 쓰기가 일상이 되도록 여전히 노력하는 중이다. 책 쓰기의 소중함을 알게 되었기 때문이다. 현재, 20권 이상의 책을 썼지만, 여전히 나는 부족하다고 느낀다. 책을 쓰는 직업도 아니었고 평상시 글을 쓰는 습관이 있던 사람도 아니었다. 글과 친숙한 학과를 졸업한 것은 더더욱 아니었지만, 새벽 독서를 1년 정도 하면서 어느 날 갑자기 나는 책을 써야겠다고 생각했다. 생각이 곧 현실로 드러나게 되었고 나는 인생 첫 책을 쓰게 되었다. 그 이후 책 쓰기는 나에게 가장 가치 있는 일이 되었다. 그 가치를 피부로 직접 느끼니 더욱 열심히 책을 쓴다.

아침에 일어나니, 거실의 반을 차지하고 펼쳐진 상위에 이리저리 있었던 레고 조각들이 자신의 자리를 찾아 하나의 그림으로 완성되어 있다. 아들은 레고를 좋아한다. 가끔 해외직구로 레고를 주문해준다. 주로 자동차들이다. 이번에도 다소 고가의 제품을 주문했다. 개봉하기 전의 박스 크기만 해도 보통의 레고 박스 사이즈의 3배 정도로 컸다. 박스가 큰 만큼 그 안에 들어있는 소량포장한 비닐들도 많다. 레고 맞출 때 사용하는 나무로 된 쟁반 같은 것이 있다. 작은 레고 조각들을 잃어버리지 않도록 높이가 있는 쟁반이다. 그곳에 레고를 모아두고 맞춘다. 상 주변에는 대형 박스며 비닐이여 한동안 어수선함을 감수해야 한다.

이번에는 설명서에는 있어야 할 레고 조각이, 실제는 없어서 한동안 맞추지 못했다. 레고는 주로 온라인 주문을 한다. 주문할 때 없었던 엔진 같은 부분이 설명서에서는 발견되어서 판매자에게 연락했다. 판매자는 그 부분이 없더라도 다른 대체품이 있다고 이야기했다. 하지만, 아이와 나는 그 대체품이라는 것을 결국, 찾지 못했고 다시 연락했다. 그러면서 시간이 지체되었다. 결국, 나는 설명서에 없는 레고 부분을 사진 찍어 보냈고, 그 사람도 역시 설명서에 표시해서 대체품에 대해서 안내를 해주었다. 그렇게 대체품을 아들은 알게 되고 일주일 동안 진행 못 했던 레고 맞추기를 다시 시작하게 되었다. 지체되는 동안, 거실의 지저분함을 우리는 견뎌야 했다.

그런데, 이른 아침 일어나 보니, 상위에 완성품이 올려져 있다. 상 주변의 지저분한 것들은 사라졌고 박스도 깔끔하게 정리가 되어 있다. 어젯밤, 아들이 레고를 맞추겠다고 해서 그냥 그러라고 하고 나는 먼저 잠이 들었는데, 아이는 늦게까지 레고를 맞추어 완성해 두었다. 만들어 놓은 것을 보니, 나도 기분 좋았고 감동이었다. 아이는 얼마나 더 기분이 좋았겠는가? 좋아했을 아이의 모습이 상상이 간다. 아들은 여러 번 해외직구 거대한 자동차 레고를 완성했다. 아마도 이런 고생 끝에 만들어 완성된 작품에 대한 감격을 마음에 깊이 인지하고 있을 것이다. 그 감격이 또 다른 레고 도전을 가능하게 한다.

어려움을 견뎌내고 결국 완성해 내는데 성실함과 끈기라는 가치가 필요하다는 사실을 아들은 배웠다. 복잡한 레고, 나는 벌써 포기했을 것 같은데, 아들은 꾸준히 문제의 해답을 찾기 위해 노력했다. 가끔 레고 조각 자체의 불량도 있고 레고 수도 부족하더라도 그것은 해결하려는 의지만 있으면 결국 해결이 된다는 진리를 배웠을 것으로 본다. 그렇게 마무리의 가치를 알게 된 아들은 그 어떤 비슷한 어려움의 감정을 느낄지라도 레고의 경험에서 얻은 무의식적인 배움대로 어려운 문제들을 해결하기 위해 노력할 것으로 예견한다. 성실함, 끈기, 마무리의 다양한 가치를 알게 되었기 때문에 분명 그렇게 할 것이다.

내가 처음 책을 쓰고자 한 이유는 육아서를 읽고 도움을 받았기 때문이다. 육아에 대해 절실한 사람에게는 사소한 정보에도 감사하다. 이미 아이를 다 키운 엄마들에게는 너무나 상식적인 정보이지만 처음 아이를 키우는 엄마들에게는 생소한 정보가 된다. 육아서는 육아 초보 엄마에게 유익한 깨알 같은 육아의 팁과 정보들이 기록되어 있다. 아이를 키운 엄마들의 경험은 다 소중하다. 도움받은 만큼 나도 도움이 되도록 해보자는 뜻에서 그 당시 열심이었던 독서에 관한 나의 경험과 노하우를 담은 독서법에 관한 책을 쓰게 되었다. 그 당시 육아서를 읽으면서 독서 습관까지 기르게 된 나의 이야기를 썼다. 책은 공부하듯이 읽지 말고 필요한 내용 위주로 3시간 투자해서 하루에 한 권 읽기를 권하는 《하루 한권 독서법》이 그때 쓴 책이다. 물론 책의 종류에 따라서 꼼꼼히 읽는 독서법을 사용해야 하는 것도 있다. 하지만, 보통 일상적으로 읽는 책들은 하루 한 권 독서법으로 읽을 수 있다는 사실을 공유했다. 인생 첫 책을 출간한 이후 지금까지 나는 계속 책을 쓰고 있다. 여러 권을 출간한 지금은 책을 쓰는 이유가 달라졌다.

우리가 책을 써야 하는 가장 큰 이유는 삶을 배움이 되게 하기 위해서이다. 삶 자체가 배움이라는 말은 많이 들었지만, 실제 우리의 삶이 배움이 되진 못했다. 배움이 되려면 자신이 배웠다는 마인드가 먼저 있어야 하는데 그 마인드를 가지지 못한 것이다. 하지만 책을 쓰면 쓰는 매 순간, 내 삶이 나의 배움으로 변화된다. 그 이유는 1꼭지 글을 쓸 때 사례를 찾아서 현재 시점에서 그것의 의미와 가치, 배움을 얻기 때문이다. 매일 책을 쓰는 사람은 매일 사례를 찾는다. 사례는 나의 삶, 남의 삶, 세상 모든 현상에서 찾을 수 있지만 보통 책에 가장 많이 사용하는 사례가 저자 자신의 삶에서 찾는 사례이다. 인생 첫 책을 쓰는 사람은 나의 사례를 전부 쓰기도 한다. 오히려 내 경험과 일화에서 사례를 찾아서 생동감 있게 쓸 때, 더 공감받고 감동적인 책이 된다. 나의 삶에서 매 순간 사례를 찾다 보니, 쓸 때마다 나의 삶들에 의미를 찾게 된다. 이 의미가 곧 깨달음이고 배움이다. 그렇게 찾은 사례는 정리해서 다시 글로 쓴다.

나의 경험과 그 경험으로부터 끄집어낸 의미와 배움은 나의 미래를 바꾼다. 책을 쓰면서 찾은 사례는 바로 나의 삶에 대한 깨달음이자 배움이다. 매 순간 깨달음과 배움의 거리를 찾기 위해 노력한다. 노력한 만큼, 습관이 되고 그 습관은 나를 바꾸고 나의 삶을 바꾼다. 결국 나의 미래까지 바꾸게 된다. 그래서 책을 쓰는 사람은 자신의 삶을 바꾸게 되는 것이다. 그것도 자신이 의도한 삶으로 미래를 만들게 된다.

책 쓰기의 가치는 소중한 내 삶을 내가 의도한 대로 바꿀 수 있다는 것이다. 책 쓰기의 다양한 가치들이 있다. 책을 씀으로써 복잡한 머리를 정리하고 매일 규칙적인 생활이 가능하며 세상 시름을 글로 풀어서 쓰며 해결할 수 있다는 것이다. 이런 것은 사소한 가치일 뿐이다.

가장 큰 핵심은 삶에 대한 것이다. 책 쓰기를 통해서 삶 전체가 변화되는데, 나의 삶이 내가 원하는 삶으로 점점 변화되어 간다. 쓰고 있다면 항상 변화의 중심에 서 있게 된다. 똑같은 시간을 보내더라도 시간을 소비하는 삶이 될 수도 있고 뭔가를 계속해서 생산하는 삶이 될 수도 있다. 미래를 바꾸는 과정인 책 쓰기는 끊임없이 생산하는 삶이라고 본다. 현재에는 없는 것들이 미래에는 만들어지게 된다. 인지하지 못했던 소망에 관한 새로운 각오를 하게 되고 그 소망을 달성하기 위해 읽고 쓰고 노력하며 그 가운데 소망은 나의 삶이 된다. 이것이 바로 책 쓰기의 가장 큰 가치이다.

  책을 쓰면서 책 쓰기 가치에 대한 인지가 바뀌고 있다. 처음에는 단지 '나도 이런 경험 하고 이런 것 느꼈다.'라는 취지의 동기로 썼다. 남들에게 출간의 자랑도 하고 싶은 마음도 있었을 것이다. 시간이 지나보니 책 쓰기의 진정한 가치는 위에서 말했던 것들, 결국 자신의 미래를 스스로 의도한 대로 바꾸어나간다는 것이다. 현재 우리가 배우고 자기 계발하고 직장 다니면서 열심히 뭔가를 하는 모든 행위의 궁극적인 목적은 원하는 미래의 삶을 살기 위해서이다. 책 쓰기를 한다면 이 궁극적인 목적을 좀 더 쉽고 빠르게 이룰 수 있다고 말하고 싶다. 쓸 때마다 매일 배움의 과정이 일어나고 내외적 긍정적인 변화들이 발생하기 때문이다. 사람들이 이런 책 쓰기의 가치를 빨리 인지하고 이 글을 읽는 지금부터 책 쓰기 시작했으면 한다.

책 쓰기의 가치를 궁금해하길 바란다. 어떤 행동을 시작할 때 그 행동으로 인해 긍정적인 변화를 기대한다. 그럼으로써 호기심도 생기고 그 행동의 실천력을 높인다. 책 쓰기 같은 경우에도 그럴 것이다. 하지만 책 쓰기는 보통 타고나는 것이란 고정관념이 있다. 그래서 관심이 생기더라도 이내 포기한다. 책 쓰기를 도전하기도 전에 접어버리는 것이다. 책 쓰기는 직접 써보기 전까지는 알 수 없다. 그동안 안 쓴 기간이 너무 길기에 최소한 2, 3개월은 써보아야 한다. 운동을 배울 때 처음에 힘들다가도 인내하면서 계속하게 된다면 계속해야 할 것인지 말아야 할 것인지 판단할 수 있다. 책 쓰기도 마찬가지이다. 경험상, 글쓰기도 말하는 것처럼, 우리의 본능 중의 하나이다. 글쓰기를 연습해서 책 쓰기도 누구나 도전할 수 있다고 판단한다. 더군다나 책 쓰기의 가치를 제대로 안다면 그 누구도 포기하지 않을 것이다. 책 쓰기는 삶을 배움으로 바꾸어 미래의 삶을 내가 원하는 대로 살 수 있도록 돕는다. 우리가 하는 노력 대부분은 원하는 삶을 살기 위한 것인데, 책 쓰기를 한다면 그것을 좀 더 쉽게 이룰 수 있도록 한다. 직장인들에게 강조하고 싶다. 책 쓰기에 대한 소망, 쉽게 포기하지 말고 그 가치에 집중하자고. 그리고 책 쓰기, 바로 시작해보자고. 책을 쓰는 동안 당신의 삶은 직장 생활 중에도 퇴직한 이후에도 당신이 원하는 모습, 그 간절한 모습을 향해 변화되어 갈 것이다.

직장인에게 가장 손쉬운 자기 계발법은 책 쓰기이다

"4년의 공백 기간이 있었는데, 그래도 잘하고 계세요. 선생님."

학교관리자는 나에게 칭찬을 해주었다. 복직한 지 이제 3개월 정도 된다. 정말 처음에는 무엇을 어떻게 해야 할지 막막했었다. 내가 복직할 때는 코로나19 상황이어서 학교 보건교사의 역할이 매우 중요했다. 코로나19 확진자는 언제, 어느 순간에 발생할지 몰랐다. 하루하루가 급박한 상태로 매일 긴장의 연속이었다. 기본적인 보건 업무는 뒤로 한 채 코로나19 예방과 대응 준비에 집중했다. 보건교사로서 감염병 예방과 대응의 기본은 일단 읽는 것이었다. 공문을 프린터 해서 시간이 날 때마다 읽었다. 집에 가져와서 잠시 쉬는 동안에도 공문을 읽었다. 독서 습관이 업무에서 빛을 발하는 순간이었다. 또 하나는 쓰기의 덕도 봤다. 놓치는 일 없이 일을 해낼 수 있었던 것은 아무래도 쓰기에 대한 부담이 덜했기 때문일 것이다.

학교에 있다 보면, 하루에도 기본적으로서 3~4번씩 교직원 전체를 대상으로 메시지를 보냈다. 코로나19 당시, 코로나19 관련해서 교직원에게 보낸 메시지의 한 예를 들면 다음과 같다.

"안녕하세요 선생님.
아래에 해당하는 학생이 있다면 보건실로 연락하시기 바랍니다.

- 코로나19 검사를 받은 학생
- 가족 중에 격리통지를 받은 학생
- 본인이 격리통지를 받은 학생
- 미리 연락하신 선생님은 생략해 주세요.

코로나19 종식되고 하루빨리 마스크 없는 세상이 되었으면 좋겠습니다. 선생님, 힘내세요. 감사합니다."

이 메시지는 담임에게 매일 보냈었다. 매일 학교의 코로나19 상황을 교육청에 보고해야 하기에 나는 담임에게 매일 이런 메시지를 보냈다. 담임선생님은 자신의 전공과목을 가르치면서 반 아이들을 돌보고 있다. 수업과 각종 행정 업무를 같이 하다 보니, 자신의 반에 일어나고 있는 코로나 발생 상황을 보건실에 전달하는 것을 잊어버린다. 그래서 생각한 방법이 찾아가는 교육처럼, 내가 먼저 문을 두드리고 코로나19 상황 질문을 하기로 했었다. 문구를 만들어 놓고 복사-붙여넣기로 메시지를 보냈다. 메시지를 보내고 나면 2~3명의 담임교사는 바로 연락이 온다. 잊고 있었다. 메시지를 보는 순간, "앗!" 하면서 코로나19 검사를 했다고 연락 온 아이들에 대해서 인적 사항과 검사 경위를 메시지로 보냈다.

　내가 메시지를 쓰는 방식은 책을 쓸 때, 1꼭지 글쓰기와 비슷하다. 서론-본론-결론 형식이다. 다른 표현으로는 처음-가운데-마무리가 되겠다. 긴 글이든 짧은 글이든 이 형식대로 쓰면 읽는 사람이 핵심을 잘 이해하게 된다. 솔직히, 책을 쓰기 전에는 이 단순한 형식도 인지하지 못했다. 인지하지 못했기에 사용하지 못했다. 언젠가는 듣고 알고는 있었을 것이다. 하지만, 몸에 익지 않았기에 가끔 글이나 메시지를 쓸 때 활용하지 못한 것이다. 진정으로 내가 활용하는 지식은 몸에 익은 지식이다. 몸에 스며들지 않았다면 그것을 쉽게 사용하지 못한다. 심폐소생술을 반복적으로 교육하는 이유가 응급 상황 시 즉각적으로 시행할 수 있도록 몸에 익히기 위함이다. 머리로 아는 것과 몸으로 할 수 있는 것은 완전히 별개의 차원인 듯하다. 글쓰기도 마찬가지이다. 글의 단순한 형식 서론-본론-결론도 내 몸에 익히면 어떤 글에서나 이 방식으로 쉽게 글을 쓰게 된다. 그런 수준이 되면 글쓰기가 부담스럽지 않다.

교사들에게 보내는 메시지를 쓸 때, 1꼭지 글 쓸 때의 원칙과 같다. 그 원칙들을 간단히 보자면, 다음과 같다.

첫째, 무조건 단문으로 쓴다.

직장의 동료에게 보내는 메시지일수록 문장을 길게 쓰면 안 된다. 다들 바쁘다. 긴 문장이면 난해하고 읽기 싫고 건너뛰게 된다. 그렇게 되면 메시지를 쓰는 의미가 사라진다. 소통이 안 되면 직장 내 불협화음이 생길 수도 있다. 그래서 긴 문장은 무조건 안 된다. 최대한 짧게 단문으로 쓰는 것이 직장 내 메시지 작성의 가장 중요한 원칙이다.

둘째, 읽는 사람을 생각하면서 쓴다.

타깃 독자를 생각하면서 책을 쓰는 것과 같다. 타깃 독자가 이해하기 쉬운 사례를 찾아서 쓰고 타깃 독자의 수준에 맞추어서 쓴다. 읽는 사람에 대한 배려이다. 직장 내 메시지도 마찬가지로, 자기감정에 취해서 쓰지 말고 읽는 사람을 고려해서 써야 한다.

셋째, 복합적인 내용을 한꺼번에 넣지 않는다.

한 메시지에는 한 가지 주제에 관한 내용만 넣는다. 코로나19 상황 보고를 받는 메시지에서 건강검진 관련 내용을 넣으면 안 된다. 읽는 사람이 혼란스러워진다.

넷째, 정보제공 외에 감성도 자극되게 쓴다.

아무리 직장이지만, 정보제공만 공유한다면 글이 딱딱해진다. 정보와 감성을 함께 제공하는 센스가 필요하다. 정보 70%, 개인적인 메시지 30% 정도이면 좋지 않을까 생각해본다.

직장인에게 쓰기는 이제 피할 수 없는 영역이다. 코로나 상황이 되면서 더욱 쓰기의 중요성이 대두되고 있다. 부서 간의 소통을 메시지로 하고 있다. 대면을 필수로 하는 회의는 거의 사라지고 있고 교육도 마찬가지이다. 주로, 줌이란 프로그램에서 회의도 교육도 이루어지고 있다. 그래도 메시지로 소통하는 것이 가장 기본이고 일반적인 방법이다. 올라오는 메시지를 유심히 보면, 각양각색이다. 사람의 개성이 드러난다고 할 수 있지만, 가장 먼저 느끼는 것은 아마추어와 전문가의 구분이다. 직위에 상관없이 글을 보면 그 사람이 느껴진다. 그 사람의 말하는 것을 보면, 그 사람을 유추할 수 있는 것과 같다. 자기 생각으로 글을 쓰기 때문에 글이 그 사람의 생각을 대변한다. 글 쓰는 방식에서도 좀 더 연습이 필요하지만 거기까지 보통은 생각하지 않는다. 글쓰기는 타고 나야 한다는 고정관념이 아직도 강하게 지배하고 있기 때문이다. 하지만, 아니다. 글쓰기도 하나의 기능처럼 우리가 배우면 좋아지는 영역이다. 직장인들에게 자기 계발 영역으로 최고는 어쩌면 쓰기가 아닐까 싶다. 사실, 소통을 위해서 쓰기 역량을 키워야 한다. 요즘 시대, 글쓰기만큼 중요한 것도 없다고 본다.

직장인들의 자기 계발의 1순위는 쓰기임을 인지해야 한다. 코로나 상황 당시, 얼굴 보고 말을 못 하니 얼굴 보지 않고 글로 소통했다. 영어 실력, 워드 프로세스 능력, 기타 다양한 능력을 기르기 위해 직장인들은 새벽같이 학원에 다닌다. 나도 이른 새벽 영어 학원에 다닌 적이 있다. 직장인이라면 누구나 자기 계발의 갈급함이 있다. 온라인과 오프라인의 중간 지점의 삶을 사는 요즘 시대에 가장 중요하고 기본이 되는 것이 쓰고 읽는 것이란 사실을 인지해야 한다. 점점 온라인 세상의 비중이 커지고 있어서 그것과 비례하여 쓰기의 가치는 더욱 높아진다.

책 쓰기는 직장인의 가장 손쉬운 자기 계발법이다. 직장인에게 최고로 갖추어야 할 능력이 쓰기 영역이다. 그동안 말로도 무리 없이 잘 살아왔다면 이제는 그것만으로 부족하다. 코로나19 당시, 쓰기로 직장 내 모든 소통이 이루어졌고 코로나 이후에도 쓰기의 중요성은 크게 바뀌지 않았다. 코로나19 이전, 우리는 쓰는 것에 약했다. 주로 말이 소통의 중심이었지 글이 소통 일부라고 여기지 않고 살았다. 하지만 세상이 바뀌었고 바뀐 중심에 쓰기의 중요성이 더욱 대두되었다. 직장인으로서 쓰기를 일상으로 편안하게 사용하지 않으면 안 되는 상황이 되었다. 쓰기를 나의 삶이자 무기로 만들기 위한 가장 손쉬운 방법이 책 쓰기이다. 쓰는 것과 읽는 것을 몸에 익히는 가장 쉬운 방법 또한 책 1권 쓰는 것이다. 책을 쓰면 쓰고 읽는 것을 내 몸에 장착시킬 수 있다. 물론 1권으로 완전하게 익힌다고는 볼 수 없다. 1권의 책 쓰기가 시발점은 되는 것이다. 1권이 2권, 3권 이어지면서 쓰기와 읽기는 나의 삶이 된다. 미래 사회의 가장 필요한 기능인, 쓰고 읽기를 책 쓰기를 통해서 완성할 수 있다. 나의 경우, 비록 몸은 직장을 떠나 있었지만, 책 쓰기를 해왔었기 때문에 4년이란 휴직의 공백을 빠르게 메우며 적응할 수 있었다고 본다. 그것이 바로 책 쓰기의 힘이다. 만약, 책 쓰기가 아닌 글쓰기를 했다면 내가 이렇게 빠른 적응을 할 수 있을까? 생각한다. 글쓰기와 책 쓰기는 다르다. 만약, 글만 썼다면 읽고 쓰는 몸 만드는데, 성공하지 못했을 것이라고 확신한다. 어른이라고 쓰고 읽는 것을 연습하지 말라는 법은 없다. 직장인이라면 무엇보다 필요한 능력이 쓰는 것이란 점을 인지하고 지금부터라도 책 쓰기에 도전해보시길 권한다.

책 쓰는 직장인, 삶이 바뀐다

"엄마, 엄마는 과거로 돌아갈 수 있다면 언제로 가고 싶어?"

부엌까지 따라와서 딸아이는 질문했다. 아직 어린아이인데 어떤 의도로 이런 질문을 하는 것일까? 순간 당황스럽기도 하고 무엇이라고 답해야 할지 난감했다.

"응, 엄마는 지금이 가장 좋아. 정아, 수홍이가 있어 행복하니까 지금이 좋아."

아이는 "지금은 말고, 언제로 돌아가고 싶어?"라고 재차 묻는다. 그때야 나는 진지하게 생각해보았다. 사실, 이런 생각을 해보지 않았다. 지금 충실히 살면 된다고만 생각했지, 구체적으로 언제로 다시 가보고 싶다는 생각은 하지 않았다. 하지만 생각해 보니, 있었다. 나도 돌아가고 싶은 과거의 시절이. 책을 출간하고 나서 처음으로 그런 생각을 했었다. 인생 첫 책을 쓰고 세상을 다 얻은 듯 기뻤지만, 한편으로 '왜? 진작, 책 쓰기를 안 했을까?' 하는 후회스러움의 마음이 있었다. 더 빨리 책을 썼으면 좋았겠다는 생각이었다. 내가 가고 싶은 과거는 대학생 때이다. 그때로 돌아가서 책 쓰는 법을 배워 책을 썼으면 얼마나 좋을까 생각한다. 그때로 돌아갈 수 있으면 정말, 다시 돌아가서 나는 책을 쓰고 싶다.

사람들은 자기 능력을 보여주기 위해 스펙 쌓기에 열정을 불태운다. 대학생 때는 직장을 구하기 위해서이다. 나는 졸업과 동시에 취직이 되는 대학을 졸업하였기에 그 갈급함이 덜했지만, 보통은 아주 치열하게 노력한다. 대학 시절을 보내고 직장에 취직해도 마찬가지이다. 더 높은 직위에 오르기 위해 다시 자기 계발에 열을 낸다. 그 모든 시간을 지나 보낸 나는 '책 쓰기만큼 인생 혁명을 일으키는 것은 없다'라고 생각한다. 책 쓰기를 진작 알았다면 스펙에 목을 매지 않아도 되었을 것이다. 책 쓰기 하나로 직장인들에게 필요한 많은 소양을 기를 수 있고 인생 전반에 대한 긍정적인 영향을 받았을 것이다. 풋풋한 20대 더 값진 시간을 보냈을 것이고 직장 초년생일 때, 더 많은 변화와 성장을 했을 것이란 생각이다. 책 쓰기의 가치에 대해서 너무 몰랐다. 책 쓰기는 쓰는 재능을 타고난 사람만이 하는 것이란 고정관념에서 벗어나지 못했다. 용불용설의 이론이 이 책 쓰기에도 예외가 아니었다. 쓰면 쓸수록 잘 쓰게 되는 진리를 이제는 깨닫게 된 것이다. 더 많은 사람이 '책 쓰기의 용불용설론'을 인지했으면 한다.

대학생 시절, 전공 공부를 열심히 하였지만, 나는 딱 거기까지였다. 나머지 시간에는 무엇을 했는지 기억도 나지 않는다. 현 위치에서 조금 나은 성장의 비전을 갖는 것만으로도 최선이라 생각했다. 그렇기에 낭비하는 시간이 많았다. 그 시간 다 모아, 지금 하는 1꼭지 쓰기, 쉽게 쓰는 법, 좀 더 잘 쓰는 법, 서론-본론-결론 자연스럽게 쓰는 법을 연구하면서 젊은 그 시절을 보냈으면 좋았을 것이란 아쉬움이 크다. 대학생 때 그렇게 보냈다면, 직장인이 되어서도 그 시간의 연장이 되었을 것이다. 책 쓰기, 글쓰기의 효과를 직접 체험한 이후에는 그것을 놓을 수 없기 때문이다. 하면 할수록 자신감이 붙고, 나만의 쓰기 노하우가 생기는 그 일이 나의 또 다른 행복을 주는 멋진 일이 되는 것이다.

책 쓰기가 직장인들의 삶을 혁신직으로 성징시킨다. 아무리 바쁜 직장인이라도 책 쓰기를 하고 있다면 느리지만 꾸준히 혁신적으로 변화한다. 우리가 주로 하는 생각들이 우리의 현실이 된다고 했다. 책 쓰기를 하면서 책 쓰는 과정 중에 나를 노출한다면 책 쓰기를 매개로 많은 성장이 있게 된다. 이런 성장이 결국 직장인들에게 평범하지만, 혁신적인 삶을 살 수 있게 하다. 그래서 특별한 존재가 된다. 책을 쓰면 직장인들이 혁신적인 삶의 변화를 가져오는 이유는 다음과 같다.

첫째, 더 많이 읽는다.

한자라도 읽게 된다. 나는 인스타그램에 글을 매일 쓰려한다. 복직을 하기 전에는 짧게 하루 3편씩 글을 올렸다. 올리는 방법은 정해져 있다. 책을 읽고 책의 문장을 사진 찍어서 나의 감상과 함께 올리고, 다음은 그날 읽은 문장을 통해서 깨달은 문구 하나를 '글 그램'이란 프로그램을 이용해 정갈하게 만들어 다시 인스타그램에 올린다. 그리고 너무 글만 올리면 지루할 수 있으니, 개인사의 사진과 글을 올린다. 딱 요렇게 하면 하루 글쓰기가 끝난다. 처음에, 이것은 자연스러운 과정이었다. 하다 보니, 나만의 인스타 쓰는 방법과 노하우가 되었다. 이것을 매일 하기 위해 나는 매일 읽었다. 단, 한 줄을 읽어도 글은 3편을 쓸 수 있다. 바쁘면 짧게라도 읽고 느낌과 감상을 쓴다. 인스타그램에 글을 올리는 것이 단 한 줄이라도 글을 쓰는 이유가 되었다. 책 쓰기도 마찬가지이다. 책을 쓰면 내가 쓰는 주제의 책을 찾아서 읽게 된다. 지금 쓰고 있는 이 원고, 독자가 읽을 때는 책이 되어 있겠지만, 이 책도 직장인의 책 쓰기에 대한 글이다. 그렇다 보니, 직장인을 키워드로 하는 책도 찾아본다. 온라인에서 직장인을 검색하면 정말 많은 직장인에 관한 책들이 출간되어 있다. 새로운 호기심이 생긴다. 나도 직장인이기 때문일 것이다. 그렇게 책을 쓰면 책을 읽게 된다.

둘째 새로운 아이디어를 얻는다

복직하고 코로나19 대응에 직장에서의 대부분 시간을 투자하고 있다. 뭔가 눈에 보이는 결과물을 만들지 않더라도 좋은 결과물을 위한 과정의 연속이다. 적절한 대응을 위해 공문을 읽는 것도 그 일부분이라 할 수 있다. 작년의 코로나 대응 관련 공문부터 해서 올해 수시로 내려오는 공문과 매뉴얼을 읽는다. 한 번만 읽는 것이 아니라, 여러 번 반복해서 읽는다. 중요하다고 생각하는 것은 줄을 그어가면서 읽는다. 그래도 이해가 가지 않는 것은 기상 후 이른 새벽에 읽는다. 새벽에 읽는 공문은 게임아웃이다. 이해 못 할 공문이 없다. 내용이 내 몸과 하나가 되어, 그 공문을 근거로 해서 학교에서 해야 할 대처 행동도 세세히 생각이 떠오른다. 새로운 아이디어가 나오는 것도 당연하다. 아이디어는 잠재의식이 많이 활용되는 시간대에 많이 생산되는데, 읽는 것을 조용한 시간에 찾아서 하게 됨으로써 더욱 아이디어를 많이 얻는다. 깊이 생각하고 반복해서 읽다 보면 답을 찾고 기발한 해결짐도 찾게 된다. 이것이 직장인의 삶도 개인의 삶노 혁신석으로 변화시킨다. 사업에서 아이디어가 다라고 할 정도로 가치 있듯이 직장인의 삶에서도 이 아이디어로 특별한 직장인의 삶을 살 수 있다.

셋째, 표현력이 좋아진다.

직장에서 상호 소통이 아주 중요하다. 집에서는 눈으로도 말할 수 있다. 몸짓으로도 가능하다. 감정적으로 관계하는 것보다는 공식적인 관계 위주인 직장에서는 표현력이 중요하다. 직장 내에서 어떤 일을 할 때도 혼자서는 하지 못한다. 협조해서 하는 일들이 대부분이다. 이런 상황에서 '말하지 않아도 알아서 협조하겠지.'라고 생각하는 직장인은 없다. 코로나19 상황 시에 말 대신 글을 사용했다. 직장 복귀하고 책 쓰기를 했던 나의 경험들이 빛을 발하는 시간이 되었다. 책을 여러 권 출간하면서 나도 모르게 글로 표현하는 표현력이 좋아졌다. 나는 최대한 이해하기 쉽도록 메시지를 보낸다. 바쁜 동료들을 위해 최대한 짧고 간단하면서 핵심을 전달할 수 있도록 여러 번 수정한다. 바로 메시지를 보내는 것이 아니라, 보건 관련 일기를 적는 한글 프로그램에서 먼저 메시지 내용을 적고 수정하는 것이다. 원고 쓰고 퇴고하는 과정을 나는 메시지 하나 보낼 때도 똑같이 하고 있다. 그렇게 함으로써 좀 더 이해하기 쉬운 메시지가 되었을 것으로 생각한다. 직장인들이 책을 꼭 써야 할 이유가 여기에 있다. 쓰면 쓸수록 표현력은 향상하여 자연스러운 협조를 얻어 낼 수 있고 당면

과업의 일들도 원활하게 마무리 지을 수 있다.

넷째, 직장생활이 즐겁다.

직장생활이 처음처럼 꾸준한 마음이면 얼마나 좋을까? 1, 2년 지난 후 한참 일해야 할 때 처음 일할 때와 마음이 다르다. 자주 가는 칼

국수 집이 있다. 이 집의 메뉴는 간단하다. 콩국수, 밥, 닭 칼국수 3종류이다. 하지만 갈 때마다 길게 늘어진 줄 속에서 인내의 시간을 보내야 한다. 최소 30분에서 1시간은 기다려야 한다. 그래도 맛있으니까 기다린다. 이 집은 변함이 없다. 음식점 벽에 걸려있는 할머니 사장님의 얼굴을 보며 '참! 지혜로운 분이시다. 최고의 맛집을 유지하는 노하우를 보유하고 있을 것이.'라는 생각이 들었다. 이 할머니처럼 직장인에게도 즐겁게 직장 생활을 할 지혜와 비법이 필요하다고 본다. 그 비법이 바로 책 쓰기가 될 수 있다. 책 쓰기를 통해서 수많은 상황과 인간관계에 의미를 부여하는 능력을 키울 수 있다. 의미를 부여한 횟수만큼 그만큼 성장한다. 책을 씀으로 인해 직장인의 삶은 혁신적인 변화가 일어날 수 있다.

책 쓰기만큼 직장인에게 필요한 성장을 보장하는 것도 없다. 직장에서 필요한 기능을 매일 연습하게 하는 것이 바로 책 쓰기이다. 쓰기 위해 읽고, 읽은 것을 바탕으로 내 메시지와 엮어 글로 녹여 써낸다. 책 쓰기에 대한 가치를 잘 모를 경우, 자기 계발을 위해 그 방법을 찾아 많은 시간과 노력을 투자해야 한다. 사실, 자기 계발을 위해 정확히 무엇을 배우고 익혀야 할지 방향이 모호하다. 하지만 책 쓰기를 하면 자신도 모르게 얻게 되는 명확한 효과가 있다. 그것은 창의적인 사고와 정리해서 표현하는 소통 능력이다. 책을 쓰면서 창의적인 사고를 매일 연습하게 되고 내 글을 읽는 사람 입장을 쓸 때마다 생각한다. 그러면서 표현능력, 타인에 대한 공감력, 소통력이 좋아진다. 이런 능력은 직장인에게 어쩌면 가장 필요한 역량이라고 본다. 직장인뿐 아니라 아이들에게도 요긴하다. 삶의 행복감과 즐거움을 원하는 사람들 누구에게나 중요한 부분이 되겠다. 특별히, 직장인에게 책 쓰기는 근본적이면서 핵심적인 업무능력 및 문제해결 두뇌를 만드는 더없이 좋은 방법임을 다시 강조하면서 직장인이라면 이제, 책 쓰기에 도전하시길 권한다. 책 쓰기로 삶의 혁신적인 변화를 직장에서 체험해 보시길 기원한다.